福報

星云大师的人生财富课

星云大师·著

线装書局

图书在版编目（CIP）数据

福报：星云大师的人生财富课 / 星云大师著. —
北京：线装书局，2012.3
ISBN 978-7-5120-0509-9

Ⅰ.①福…　Ⅱ.①星…　Ⅲ.①人生哲学—通俗读物
Ⅳ.①B821-49

中国版本图书馆 CIP 数据核字（2012）第 023230 号

福报：星云大师的人生财富课

著　　者：星云大师
责任编辑：杜　语　孙嘉镇
策　　划：张　林
版式设计：李　洁
出版发行：线装书局
　　　　　地址：北京鼓楼西大街 41 号（100009）
　　　　　电话：010－64045283　64041012
　　　　　网址：www.xzhbc.com
经　　销：新华书店
印　　刷：北京京都六环印刷厂
开　　本：787×1092　1/16
字　　数：187 千字
印　　张：19.5
印　　数：20000 册
版　　次：2012年3月第1版　2012年3月第1次印刷

定　　价：38.00 元

第二辑
可贵的无形

现在是地球村的时代，国与国之间关系密切，甚至全体人类都是"同体共生"的生命共同体，世界上富人太多，穷人不会放过你；穷人太多，富人的日子也不见得好过。所以贫富要均衡，国家政治要为贫苦大众争取福利，让大家都能富足安乐地生存在地球上，而不只是富人发财就好。

第三辑
智慧之财

人生世间，不能不工作赚钱。要工作赚钱，才能生活。有的人用劳力赚钱，有的人用时间计薪；有的人出卖身体谋取所需，有的人靠语言赚钱营生。不管从事什么样的工作，无论以何种方法赚取生活所需，重要的是要合乎正当性。正当的财富，就是要将本求利，勤劳赚取，无论是农牧收成，还是经商贸易、企业经营、投资生息所得等，都是佛教所认可的经济营生。

第四辑
财富锦囊

河水要流动，才能涓涓长流；空气要流动，才能生意盎然。我们的财物既然取之于大众，必也用之于大众，才合乎自然之道。一心想要"拥有"，不如提倡"用有"。像冯骓散财于民，让孟尝君拥有人心，只算是懂得"用有"的初步，更高一层应如爱迪生将发明创造所得的专利用于为众生谋福，松下幸之助将企业所有盈余用于教育文化上，让社会蒙利。这是"用有"，不是"拥有"。

第五辑
另类的财富

我们眼睛所看到的万事万物都是财富，我们的耳朵听到的万事万物都是财富。我们的嘴巴能说好话、赞美人、讲道理，这是财富；我们的双手能劳动服务、创造财富，双手也是财富；我们的头脑能够思考，也是财富。但我们最大的财富，还是心。心如同储存财富的银行，是一片净土世界，里面有着慈悲、欢喜、思想。心宽大如世界，包容万物。

第六辑
喜舍人生

生命在哪里？在家庭里面，生命没有了；在吃饭穿衣
里面，生命也没有了；在看电视、自我娱乐里面，生
命就没有了。大家要记得，即使是一点的生命，都是
我们的本钱，各位要好好利用。生命的意义，在于奉
献、在于服务、在于工作、在于走出去。

福　报

代序
世间财富知多少

一个出家人讲财富，好像太社会化，太世俗化。我想，佛教的名相不容易懂，我还是用通俗一点的方式来说，人需要财富，财富与般若有着重要的关系。

父母生养我们之后，我们的眼睛，就是我们的财富。我们的眼睛所看到的世间万事万物，也都是财富，都与我们有点关系。天气寒冷，我们可以晒太阳；心里烦闷，可以游山玩水；花红柳绿，哪一样东西不能增加我们的希望？所以我觉得，有了眼睛，人就有了财富。

耳朵也是我们的财富，听老师讲话，听朋友诉说，听父母教诲，听世界上美好的声音，这一切也是我们的财富。

嘴巴也是我们的财富，我们说好话，会有功德；我们赞美人，人家欢喜；我们可以讲出很多道理，与大家分享，所以嘴巴也是财富。

双手也是我们的财富，双手万能，可以做很多研究、劳动、服务，也可以替我们赚不少财富。甚至我们的头脑，也是我们的财富。

最大的财富在哪里？不是在银行里，也不是在世间的任何一个地方。财富最多的地方是在我们的心里。心好像一个工厂，只要我们的"工厂"不坏、"工人"不罢工，它就是一个有财富的银行，就是一个清净的净土世界，就是我们的宝藏。我们开山、采矿，获取金银财宝，那些都是有形、有限的财富。在我们内心的财富，是慈悲、欢喜、思想，是无形、无限的。心宽大，心中有世界，心有多大，就能包容多少财富。

因此，财富处处求，不一定只向钱看。钱，只是财富中的一种。金钱也不一定是绝对好的东西，好像拳头，假如我用拳头打人，他可以到派出所告我，我就犯罪了；假如我用拳头替你捶背，你觉得很舒服，还会连声道谢。因此，同样是财富，我们可以把有罪过的、不清净的财富变成善财、净财。其实，把财富扩大开来看，在金钱之外，对我们来说，平安、安全就是我们最宝贵的财富。

一个婴儿，从母亲怀胎十月到呱呱坠地，他第一需要的就是安全。冷了会哭，肚子饿了会哭，这都是在告诉我们，他需要安全。所以我们各位年轻的朋友，你们要保重自己，健康应该是我们的财富，我们的人格、道德也是我们的财富。我们有了这许多财富，我们的亲人、父母、老师，都会为我们欢喜。我们有智慧、学问，这就是财富；我们勤劳，勤能致富，黄金随着流水流下来，也要起早把它捞起来。葡萄架下面埋了黄金，你也要去开垦才能拥有财富。所以我觉得财富到处都有，就看我们是用智慧、慈悲，还是劳动去寻找自己需要的财富。

财富不一定就指钱。很多财富，我想最好是享有比拥有更好。比方说，你有钱，你建大楼。我穷，我没有钱，我建不起大楼，但下雨的时候，我可以到你建的大楼下躲雨；你有钱，你建百货公司，你开商店，我建不起百货公司，不过我可以来买东西；有人捐钱建学校，我可以来听讲演；你建公园，我可以到公园散步；你有钱买电视，我可以站在旁边看一看。虽然公园不是我的，大楼不是我的，电视机不是我的，但是我不一定要占有，我可以享有。桌上的这盆花，多么美丽，是我们种的吗？是我们栽的吗？不是，是别人种的，别人栽的，是别人的花，但是我们可以欣赏它的美。

"青青翠竹无非般若，郁郁黄花皆是妙谛"，世间的一切，都是属于人世间的财富。

说到财富，我们把它扩大开来说，有前世的财富、今生的财富，还有来世的财富。

有许多青年朋友、学生，很会读书，那是天才，不需要怎么努力学就会了。什么叫天才？意味着他在过去一生中，就有这种基因，就有这种成分，他把过去余下的财富带来了，所以今生有智慧，有好的因缘。前世的财富到今生，今生的财富到未来，意思是说，我们的财富用不尽。我们的财富，等于银行的存款，要慢慢地用。有人说，一个好人，他非常善良，但是很贫穷，为什么老天爷不保护这种好人呢？或者说一个坏人，无恶不作，欺世盗名，但是他发大财，老天爷怎么不惩罚他呢？或者说，怎么没有因果呢？怎么没有报应呢？不是说善有善报，恶有恶报吗？这明明就不太公平。

要知道，这就是因果报应。你的银行里没有存款，不能说你很善良，银行的经理就要支钱给你用，这个不可以。你无恶不作，你是坏人，不过你在银行里的存款很多，法令也没有办法说不允许你用自己的钱。所以，这就是因果，如是因才招感如是果。你要想有钱，你必须勤劳，你必须会经营，你必须讲究情义，你必须具备很多能力、学问，才能慢慢赚到财富。如果你没有这许多能力，光是说我有好心，我有道德，这是不够的，一切都是因缘所生。一朵花之所以盛开，不能只有土壤，也不能只有种子，必须把种子种到土壤里，加上水分、阳光、空气、肥料等很多因缘，花才会慢慢地成长。

因果中的"缘分"很重要，所以你光是有好心，没有缘也不行。因此要结很多的好缘，才会有好的结果，这就是所谓的"广结善缘"。

因果是人生的法则，是管理自己良心道德的一个标准，一个警觉，我们不要错乱了因果。什么是错乱因果？比方说这个人死了，你说："看他修身养性，对宗教那么虔诚，可是他的命运不好，佛祖都不保护他。"不能这么说的，你不能要求宗教做保险业务。你要想身体好，就必须要营养均衡，注意保健，多做运动，这才是身体好的因果。你不能说我念佛、拜佛，身体就会好，这是错乱因果。

你要发财，也不能说求神、拜神，神明就会帮助你发财，这也是错乱因果。神明又不是你的经纪人，他怎么能帮助你发财？这是不当的祈求。

人生在世，许多事情都需要管理，好像学校有学校的管理，图书馆有图书馆的管理，财富也要有财富的管理。有财富是福报，会用财富才是智慧。

管理财富比较容易，因为财富不会讲话，随你所用，不管用得对不对，结果好不好，钱财都不会讲话。管理事情也容易，桌子、椅子、图书也很好管理，因为它们也不会讲话。管人就比较麻烦，因为人有意见、有看法，你要合乎他的需要。其实只要你给人信心、给人欢喜、给人希望、给人服务、给人利益，他会比较容易接受你的管理。

管理当中，最不容易管理的是自己的心。有时候我们常听到有人说："唉，你不听我的话。"但是我们自己有听自己的话吗？最不听话的，其实就是自己。学会管理自己就是财富，这也是一套观念。我们从过去世到今生、来世，未来是有财富的。有财富的人生是保持正确的观念，保持生活的基本水平，太多的财富、暴利，用不了，你也不需要。

孔子有一个弟子叫颜回，他很贫穷，"一箪食，一瓢饮，在陋巷，人不堪其忧，回也不改其乐"。可见贫穷也不一定能打倒一个人。印度有一位特蕾莎修女，她有一句名言："我一生以贫穷为荣耀。"可见有人还以贫穷为享受。

过去说人为财死，财富也不一定就那么可怕，财富要会应用，应用才是有智能的。财富怎么来？有因缘，财富自然会来，你不要特意去找它，它自然会来找你的。怎样储蓄未来的财富？你说一句好话，你做一件善事，一个好的念头，这些都会储存起来，未来你可以把它拿出来使用。

问题是现阶段的财富是什么？我觉得享受不一定是财富，银行的存款很多，穿得好、吃得好、有多少架势，也不一定是财富。我想很多时候，没有架势，很淡泊，很正派，那就是人生的财富。

讲到人生的财富，今生应该拥有多少钱才是富足的？陈光标先生高调行善，网络上有很多人批评他，说他不对，说他高调行善是为了好名才去做好事。不过这个也不值得批评，大家想想，我们要批评他，我们自己呢？我们没有行善，他好名行善，他还比我们好一点，我们不够资格批评他，所以批评他就是不公平。

现在我们的人生说要拥有财富，除了金钱之外，要有好的因缘。人缘就是我们的财富，所以要"给人接受"，像现在的年轻人常常怪国家、社会对不起他们，就业的机会太少，失业就怪国家、怪社会、怪别人，我觉得这样也不公平，应该要想想自己。比如说："我的条件准备好了没有？我的本领准备好了没有？"条件不好，本领不够，人家自然不接受。

我觉得现在的年轻人，尤其是在学校的，现在大概最重要的，是研究自己将来怎样才能被人接受，让人家要你。我学有所长，人家当然要我；我非常勤劳，人家当然要我；我诚实忠心，人家也会要我；我做事一丝不苟、很认真，人家也会要我；我很正派，人家会要我。总之，人家说十八般武艺，你都自我健全起来，这就是你的财富。你自己有财富，人家才会接受你。比方我们看到有钱的人，到哪里都受人家尊重。没有钱财、贫穷，到哪里都很落寞。当然，我不一定要千千万万，假如我们本身有智慧、有能力、有品德，给人接受，这些都是我们的财富。所以财富除了金钱以外，我们要能往别的方面去看。

财富，有有形的财富，还有无形的财富。有形的财富，例如我要吃得好、穿得好、住得好，就是物质，等到物质的财富你都拥有了，你不会满足，你还需要有精神的财富。所谓精神的财富，就是我要读书，我要爱情，我要精神愉快，我要欢喜，我要快乐。当精神的财富也有了，你还是不满足，你还会要求更高的艺术生活。所谓的艺术生活，像我要音乐，我要绘画，我要花，我要美感，有了艺术的时候，生活的质量和价值也会提升。

艺术的生活实现了，你就满足了吗？不满足，人会要求比艺术更高的、更能超越现有的生活。例如，我要比你更好一点，比你更高一点，比你更美一点。

人就是慢慢地要求更高的生命价值。人生的价值与财富如何成比例呢？

过去有一位出家的师父，他有一个弟子，常常问他一个问题："人生的价值是多少？"

师父从不回答这个问题，为什么？因为太泛论了，人生的价值要怎么说？每个人都不一样。正因为师父从不回答，于是徒弟就常常问。终于有一天，师父拿了一块石头，跟徒弟说："徒弟啊，你把这块石头拿到大马路旁，凡是有人路过，你就说，这块晶莹剔透的石头，卖给你们，有人要买吗？多少钱？让人出个价就好，不要真的卖了。"

徒弟拿着漂亮的石头，走到大马路旁，跟过往的人说："来看哦，你看这石头好漂亮，卖给你们，出个价吧。"

有一个人看一看，说："五块钱。"徒弟说五块钱太少了，不卖。

旁边又有一个人说："十块。"不卖。"二十块""三十块""四十块""五十块"，都不卖。没有人再出价了。

徒弟把石头拿回来跟师父说："师父，不得了，今天在路上，这一块石头，人家出到五十块。"师父只是点头，没有说什么。

第二天，师父又跟徒弟说："这一块石头，你再拿到百货公司去卖，看人家出多少钱，不能卖，知道价码就好了。"

徒弟到百货公司，看到的都是衣着摩登的男女。徒弟说："先生们、女士们，你们看看这一块晶莹剔透，像钻石一样的石头，你们出个价，卖给你们。"

有人一看："哟，是不错，一百块。"不卖。"两百块""三百块""五百块""两千块"，还是不卖。

徒弟回来告诉师父："师父，不得了！竟然有人出到两千块买这块石头。"

师父还是没有说什么。

过了几天，这个地方举行珠宝博览会，就像广东最有名的广交会一样，各地人士都聚集到这个地方买珠宝。师父又跟徒弟说："徒弟，把这块石头拿到珠宝博览会去卖卖看，看人家出价多少钱，当然也不是真的要卖啊。"

徒弟来到珠宝博览会，看到的都是高贵的先生女士们，他就说："先生们、女士们，你看这块跟钻石一样的宝石，谁买了它，会有好运的啊，来出个价钱吧。"

大家走近来看。有人看了以后说："两千块。"不卖。"五千""一万""十万""二十万""五十万""一百万！"还是不卖。

徒弟把石头拿回去，惊讶地说："哇！师父！真是不得了！有人出到一百万啊！"

师父这时候说了："徒弟啊，你常问我，人生的价值在哪里？人生的价值是多少？这块石头，在我们的大路旁，值五块、五十块钱。同样是这块石头，到了百货公司，值两千块。到了珠宝博览会，在专家的眼光里，它值一百万。同样的石头，在不同的地方，价值就有所不同。"

我们现在有好的福德因缘，所以我们要衡量自己，在社会上要怎么生活？对于自己要如何要求？我们要知道自己不是一根木头，一块顽石，可以让他人任意出价，而是一粒钻石，值一二百万的。

我们从有形、有限的物质财富，谈到无形、无限的财富。

我们每一个人，不都是两只眼睛，一张脸，两只手？可为什么有的人就能给人家带来快乐？不论到什么地方，都月薪几万，年薪几十万、几百万。但有的人，却要苦苦地要求一个职业，年薪可能才几千块。所以说，我们要让人家感觉到我们的价值、我们的条件，在佛教里就是说我们的"缘"值多少。这个缘，不必去要求神明，要求佛祖，凡事要求自己，好与不好，都不是哪一个外力能赏赐给我们的，都是我们自己招感的。佛教讲业力，业也不一定不好，你造业，可以造善业，不一定造恶业的。

善的业，像我在台湾提倡的"三好运动"，身、口、意叫做三业，这三业通过行为表现出来成为业力，因此，我们的身体要做好事，口头要说好话，心里要存好念，身口意都存有善业，我们自己就会慢慢培养善业。人生如一块田地，我怎样播种，播什么种，就收获什么东西。你想要什么样的收成，就必须怎么样栽种。财富也是一样，我们也要播撒"种子"。

我们从现世的财富，讲到未来的财富。从私有的财富，讲到公有的财富。财富不是我个人拥有的，例如你说你有钱买房子，但是如果人家没有建房子，你到哪里买呢？你有钱可以购物，但是如果没有商店，你能买什么？我要买汽车，没有汽车行怎么行？因此，财富是大家共有的。

要爱护我们的敌人，有对手才会有自己，等于有一面镜子，有一个竞争力，不要以为财富通通都要给我，这是不行的，要分给大家。

今天在这里跟各位讲财富，我自己深深地体会到，像我，一个出家人，一个和尚，基本上是没有钱的，再说，我也不需要钱。但事实上，不是说我没有办法，没有钱不代表没有办法，我在世界上建了几百座寺庙，建寺庙都是从买土地开始，再慢慢建房子。钱从哪里来？我有时候自己也搞不清楚，我没偷，也没有抢，所以我也不用管。但我也办了好多所大学，办报纸，办电台，为什么？我要让我的教团贫穷，因为贫穷，大家才肯努力，富有容易使人堕落。

过去，有一个富翁建了大楼以后要请客，便请所有瓦匠、木匠、工人坐在正厅最主要的席位，然后让他的子孙们通通在下面吃饭。有人就说，这样不当，他们都是公子小姐，今天大楼落成，应该让他们坐在正厅上首才对。这位老主人说："不是的，我感谢这许多工人帮我建大楼，所以他们应该坐在正厅吃饭。我那许多子孙，将来他们都是替我卖这栋大楼的，他们没有资格坐在上面，他们坐在下面就好。"

这位老主人看事看得远，也懂得饮水思源，这番话实在没有错。建楼的人有功劳啊，卖楼的人怎么能很好地享受呢？我就想到，在这个世界上，不要看一时。我在做校长的时候，一些前辈、学长常常耻笑我，说这个不好，那个不好，我也从来不生气。我就想，你们笑我，说我没有办法，没有出息，问题是现在就能决定吗？我还小啊。我现在不行，再过二十年，我们再来看。只要我有志气，只要我用功，只要我努力向上，我必然有办法。

中华文化固然很好，但是不好的地方也很多，尤其残杀、不和、斗争，每一次战争就死伤不知多少人。像2011年日本大地震，造成海啸、核能外泄等危机，然而天灾还是有限的，人祸是无限的。我们中国过去的人祸、死伤，对社会造成的伤害太大。因此现在提出社会和谐，实在是为中华文化树立千秋万世的标杆。和谐也不一定是大家都在一起，大家都一样，而是读书的读书，教书的教书，经商的经商，士农工商各有分工。等于眼睛管看，耳朵管听，嘴巴说话，各司其用。人世间异中求同，同中求异，不一定都要一样。眼睛、鼻子、嘴巴和谐，人就长得俊美；肠胃和谐，就是健康；我们穿的衣服颜色不同，和谐就很美；唱歌跳舞，跳法、姿势不同，和谐就很好看。

财富不是我拥有，而别人没有，应该要分配和谐。我们帮助穷人，让穷富平均，看到别人富有，我就欢喜，看到别人有因缘，我也欢喜，我们应该给社会、国家一些因缘。所以今后，我们说我是学生，我是年轻人，青年是未来国家的栋梁，要把自己的心力、为国为民的热忱，奋起飞扬，表现出来，为了中国，让中国在世界上成为最富强的国家，这是一定有希望的。

　　我们每个人说要有财富，简单来说，一定要勤劳，不勤劳，也要有慈悲，要结缘。你没有缘分，煮熟的鸭子都会飞走；我有因缘，我不去求，鸟语花香，自然我会听到声音，我会闻到香味，春花秋月，我自然感受得到。你有缘分，世界都是你的。没有缘分，就算财富流到你的面前，都会擦身而过。

　　慈悲、正直、勤劳、努力，说来说去都是要说"正派"，人生要正派，要有信誉，要有道德。希望大家不要光看有形的财富，还要看到无形的财富；不要只看到人家的财富，还要想到自己心里有无限的财富；你不要只看到一时的财富，更要看到我们未来的财富；你也不一定要拥有多少财富，而要能享有无限的财富。

"福"就是福气，"报"就是果报，"福"与"报"，两者互为因果，你只有先修得福气，才能得福报。世间的名闻利养皆是福，也可能是祸；正拥有与好好活着是一种福，但如果你不懂惜福便将成祸。福报从哪里来？从善根中来。修得福报的人，一定是会结善缘之人；不懂修福之人，积福便是烦恼的开始。因此，广结善缘才能广修福田，有时候，一些慈悲、一句好话、一件善事、一个微笑、一点知识就能让你广结善缘，所以，你遇到的一切人、一切事，皆是你修福的机会，是你的福报，而你用已有的福，助人修得更多的福，则将福田无量。

第一辑

生命中的拥有

在佛教看来，世间并没有穷人。有时间的人，用时间去帮助别人，他不就是时间的富者吗？他善于言辞，用语言来赞美、鼓励别人，他不就是一个语言的富者吗？他用微笑、欢喜、礼敬待人，他不就是一个内心充实的富者吗？他用力气帮助别人、服务他人，这不也是有力的富者吗？所以，贪心不足的人永远是贫穷的，乐于助人的人则永远都是富有的。

人生真正值得追求的财富

人生最大的财富

世间并没有穷人

罚他做个大富翁

淡有淡的味道

生活的品味

贫与富不过是一种价值认同

比金钱更重要的是心香一瓣

都不是你的，又都是你的

利和同均

"我"一辈子的成就

人生真正值得追求的财富

过去，有个人提着一个非常精美的罐子赶路，走着走着，一不小心，"啪"的一声，罐子摔在路边的石头上，顿时成了碎片。

路人见了，欷歔不已，都为这么精美的罐子成了碎片而惋惜。可是那个摔破罐子的人，却像没这么回事一样，头也不扭一下，看都不看罐子一眼，照旧赶他的路。这时过路的人都很吃惊，为什么此人如此洒脱，多么精美的罐子啊！摔碎了多么可惜呀。甚至有人还怀疑此人的神经是否正常。

事后，有人问这个人为什么要这样？这个人说："已经摔碎了的罐子，何必再去留恋呢？"

钱财是物质生活的基本条件，一般人莫不希求安乐富有。在经典中，佛陀固然以毒蛇比喻黄金，但也不反对以正当的方法赚取净财，所谓"有钱是福报，会用钱才是智慧"，钱财只要用于正途，都是累积福德的资粮。因此，佛教主张在赚取正当的财富之外，更应进一步过合理的经济生活。

　　"合理的经济生活"包括拥有正当的职业、财富运用得当，以及懂得开源节流等。在《般泥洹经》《杂阿含经》和《大乘本生心地观经》中都提到，智者居家应"恭俭节用"，合理消费，一分作为日常家用，一分储存以备急需，一分帮助亲戚朋友，一分布施培德。如果"懒惰懈怠、赌博嬉戏、喝酒放逸、饮食无度、亲近恶人、邪淫浪荡"，钱财便会很快地耗用殆尽。

　　此外，佛经也告诉我们，财富为"五家共有"，终有散坏的时候，能够布施结缘，拥有"信、戒、惭、愧、闻、施、慧"，以及"六度""四摄"等法财，才是究竟的财富。

　　也就是说，学佛不一定要以穷苦为清高，佛教鼓励在家信众可以荣华富贵，可以营生聚财。如《大宝积经》说："在家菩萨如法集聚钱财，非不如法。"只要平直正求，而且有了财富以后要"给施父母妻子，给施亲友、眷属、知识，然后施法"。

　　有了金钱财富，还要懂得怎样处理自己的财富，这才是重要的课题。在《杂阿含经》里面有一首偈语说："一分自食用，二分营生业，余一分藏密，以抚于贫乏。"意思是说：假如你每个月有十万元的收入，应该拿出四万元来经营事业，两万元做家庭生活所需，两万元储蓄以应不时之需，剩余之两万元用以布施，回馈社会，救济贫乏。

　　此外，在《大宝积经》中，佛陀以波斯匿王为例，告诉我们处理财富的方法。由于波斯匿王已经不需要为生活计算，因此分作三分：三分之一用来供养宗教，三分之一用来救济贫穷，三分之一用来奉献给国家作为资源。

《涅槃经》中讲到的对财富的处理方法则是，除了生活所需之外，分为四份：一份供养父母妻子，一份补助仆佣属下，一份施给亲属朋友，一份奉事国家沙门。

以上是佛教处理财富的方法。至于我个人的理财哲学是：把钱全部花在必要的开销上，没有钱了再努力赚回来，否则钱太多就会怠惰。我从小在贫困的家庭中长大，但我很会用钱，我经常把一个钱当作十个钱来用，甚至我把明年的钱，今年就用了。我们在"日日难过日日过"的生活下，将每一分净财都用在培养人才、弘法利生的佛教事业上。因此佛光山并不矫情地视金钱为罪恶，也不滥用金钱、积聚金钱，使金钱成为罪恶的渊源，我们的信念是要借着佛教的力量，把苦难的娑婆世界建设成富乐的人间净土。所以钱财的处理运用，不在有无多少，而在观念的正不正确，以及会不会用钱。有钱而不会用钱，和贫穷一样匮乏，因此我常说"有钱是福报，会用钱才是智慧"。

当初我创建佛光山的时候，一开始就先确立佛教处理钱财的方法。我告诉佛光山的徒众，佛教振兴之道，在于佛教有人才、有净财、有道业、有事业，否则"巧妇难为无米之炊"，缺乏净财，无法成事。此外，我手拟佛光人守则，明定佛光人不能私自化缘、私建道场、私置产业、私蓄钱财，而且申令管钱的人不可掌权，掌权的人不能管钱；大职事有权，小职事管钱；有钱，要为佛教和社会用掉，不可以储存。

很多人看到，佛光山一栋栋金碧辉煌的建筑，但很少有人知道佛光山经常无隔宿之粮，甚至一直举债度日。三十多年来，我最高兴的倒不是将十方信施净财用于建设道场，我最欢喜的事是用钱财培养了人才。一千多个僧众，他们弘教说法，长于解除信徒疑难；他们住持道场，善于行政法务；他们在世界各地参学，通晓各国语言；他们把佛教带向人间化、现代化、生活化、国际化，这是对信徒布施净财的最大回馈。

我也经常告诉信徒，应该追求另类的财富，从另一个角度来看待金钱。如果拥有了智慧、人缘、勤劳、信念、健康及平安，这也是财富。相反，富裕的人如果烦恼很多、夫妻经常吵架，有钱又有什么用呢？

多年前，我曾应邀在日本的朝日新闻纪念馆举行了一场以"人心、命运、金钱"为主题的佛学讲座。当时我说，日本是一个经济大国，物质生活极为丰富，人们普遍关心前途、命运、金钱，较少重视心灵净化。其实这三者是互为因果关系的：心好，命就好；命好，钱就多。真正的财富在身体的健康、内心的满足、正确的信仰、包容的心胸、前途的美好、生活的幸福、眷属的和谐、灵巧的智慧及发掘自我本性的能源，只要心灵能够净化，这些内财自然具备。

这些观念通过慈惠法师的日文翻译，许多日本大众同表大梦初醒，内心感到无比欢喜。其中，日中问题研究会矢野会长更表示："过去时常自问，人生所为何来？不觉对自己的前途感到茫然。如今听大师一席开示后，知道命运操之在我，命运由自己创造……无形中对未来充满了希望。"一个人能对未来充满希望，这就是人生最宝贵的财富。

总之，佛教认为真正的财富，不一定要看银行里的存款，也不一定指土地、房屋、黄金、白银，这些都是五家所共有，个人无法独得。唯有佛法、信仰、慈悲、发心、满足、欢喜、惭愧、人缘、平安、健康、智慧等，才是人生真正值得追求的财富。

星云日记

在拉斯维加斯的人，大都以赌场工作为生，就是自己不赌，耳濡目染的也都离不开金钱。在这金钱窟里，佛家弟子要如何安身立命？提供大家"佛教对财富的看法"，施与受实是贫穷与富贵的最佳写照——

毋争利而伤兄弟手足之天伦。

毋争利而令亲朋情谊而乖绝。

毋因人借贷押典而取过之息。

毋因交易斗斛权衡入重出轻。

毋悭吝太过而令诸礼尽废弛。

人生最大的财富

有三个不同国籍的富翁要被关进监狱三年，监狱长给他们三个一人一个要求。

那个美国富翁爱抽雪茄，要了三箱雪茄。

这个法国富翁最浪漫，要了一个美丽的女子相伴。

还有一个是犹太富翁，他要一部与外界沟通的电话。

三年过后，第一个冲出来的是美国人，嘴里鼻孔里塞满了雪茄，大喊道："给我火，给我火！"原来他忘了要火了。

接着出来的是法国人。只见他手里抱着一个小孩子，美丽女子手里牵着一个小孩子，肚子里还怀着第三个。

最后出来的是犹太人，他紧紧握住监狱长的手说："这三年来我每天与外界联系，我的生意不但没有停顿，反而增长了200%，为了表示感谢，我送你一辆劳斯莱斯！"

佛教不讲命运，讲缘分、因缘。一颗种子，你把它摆到地毯上、摆到桌子上，它不会成长，因为没有它的缘分，地毯、桌面都不是它的缘分，它需要土地、阳光、水分，这是它要的缘分。所以一个人会有自己的缘分，要问自己，你结过这个缘吗？你结过这个缘，缘就会来帮助你。你没有结过这个缘，人家说"煮熟的鸭子都会飞了"，所以平常要广结善缘。

世界上没有单独存在的东西，都是靠很多的条件、因缘来助成。所以，命运有的时候就是由一句话、一块钱、一个念头、一件事情决定的。它有时也是由因缘去促成关系，那么我们现在比较一下宇宙之间的万事万物，最合理的就是缘。

释迦牟尼佛在菩提树下开悟了，他悟到了宇宙人生的真理。什么是宇宙人生的真理？缘。这个"缘"的意义很深，不是我们说"有缘千里来相见""我们这么好，我们有缘分"，不是这么简单。因缘，有的事情需要理、原则，它需要"空"才能"有"，不空就没有了，所以缘很深、很妙。

世间有穷人、有富人。有贫穷的富人，不会用钱、不满足的都是。也有富有的穷人，像关心社会、服务大众、给人一句好话、一个笑容，见人行善心中欢喜的人。因此，贫富没有对等，也不是绝对。真实说来，世间没有穷人，每个人都富有，只是我们自己不知道。你不要用钱，你就最有钱，因为钱用了就穷。

好比，我们父母生养的身体就是财富，眼睛可以看，双手可以做，耳朵可以听，我们的心尤其是无穷的宝藏，只要挖掘心里的智慧、思想，放开胸怀，都是财富。又如年轻人面临就业，就要给人接受，人家接受我们，表现自己的能量、亲切、礼貌、道德、信用种种十八般武艺，就是我们无限的财源。

财富与因果也有关，有的人可能因为一句话、一件事、一块钱而改变人生，因此人生不能完全朝钱看。有钱之外还要有智慧、有福报，而最大的财富就是"结缘"。

儒家有三不朽："立功、立德、立言"，我们也要想一想，我们这一生要留点什么好东西给社会、给未来？只要心常活于天地间，过去、现在、未来就会生生不息，要把缘分布满天下。

要免于恐惧只有靠自己，要有勇气的力量、智慧的力量、慈悲的力量。慈悲没有敌人，平时不做亏心事，半夜敲门心不惊。

世间所有事是不能单独存在的，都有相互的关系。如果没有别人，"我"是不能存在的，因此要尊重因缘，因为天下都是有缘人，如果没有大家，只有我一个，也没有什么趣味。不要只想人家给我，要想我如何给人。自己和他人看起来是两个，其实世界上的人彼此都有关系。如果只是看自己太小，应该把一己之生命扩大为无限的生命、永恒的生命。知足只是一部分，个人物质上是要淡泊，但是对于真理，对善事，对国家、社会要奋起飞扬。

坦白说，我虽然没有很高的修行，不过心中时时感觉到这个宇宙、世界、地球都是我的。我们那许多年轻的、辈分小的出家人，他们平常也没有钱，为什么在佛门里可以安心学道？因为他们也感觉到宇宙人间都与自己有关，都是我们心里的财富。

星云日记

"人在世间追求的是什么？"金钱？钱财非究竟，有钱有时比无钱更苦。爱情？社会上的离婚事件、家庭问题很多，可见也非究竟。事业？事业有成的人，失去的更多。房地产？天天为房地产，心为形役。读书？书读太多了，有时易沦为所知障，如川端康成的自杀。心中拥有佛光山，佛光山就是我的财富；有真理，真理就是我的财富；有智慧，智慧就是我的财富。如何拥有一个富有的人生，则看大家追求的是什么。

世间并没有穷人

　　"富人"之名，不是由所拥有的金钱多寡而决定，一个人即使没有很多钱，只要他肯布施给人，他就是富有者；反之，虽然很有钱，却不肯普济于人，则与穷人无异。推行人间佛教，不一定希望人人都是有财有势，主要是必须心里富有。有仁爱的心，即能发菩提大愿。

　　钱财是给人用的，有钱是福气，用钱是智慧。对于钱财要"舍得"，能舍才能得。钱财放着不用，黄金亦如砖瓦。

　　如何善用财富？以净财、善财为原则，以利益大众为原则。财富不是个人的，而是大众的，要用在该用的地方。财富就像拳头，打人一拳，这个拳头就是恶的。好心帮人捶背，这个拳头就是善的，因此，善用财富，能造福社会。使用不当，则后果堪虞。

　　社会普遍都存在着贫富不均的问题，因此我提倡要缩短贫富距离，这时候除了"自救"，也需要"他救"，比方政府提供就业机会，让人人有职业、人人有土地、人人有生财之道。世间无常，没有人是定型的，贫穷的不会永久贫穷，富贵的也不会永久富贵，只要发心、勤劳、勇敢、不断学习，总有无限的可能。梦窗国师曾说"知足第一富"，可见知足最重要。

　　"贫穷"和"富有"是两个相互对立的身份名词，在一般人的认知里，贫穷的人不是富有，富有的人也不是贫穷。其实不然，世间贫穷的富者、富有的穷人，比比皆是。

颜回居陋巷，一箪食、一瓢饮，而内心充满安乐，你能说他是一个穷者吗？大迦叶尊者，居住冢间、山崖水边，日中一食，衣钵以外别无长物，而其解脱自在的心胸，你能说他是一个穷者吗？反观今之居高楼、坐汽车、童仆盈门，但每天为金钱周转、为股票涨跌而愁眉不展的人，你能说他是富有的吗？那些拥资千万，家有良田万顷，却悭吝不舍、时时觉得自己所拥有的不够的人，你能说他是富有的吗？所以富者不是真富，穷者不是真穷，贫富不可以从金钱物质上去衡量。

世间有的人虽不能日进斗金，却乐于社会公益，乐善好施，他不就是一个精神上的大富长者吗？但也有一些人每天只想贪图别人的利益，凡有所得，总想占为己有，这样的人即使拥有再多的财富，不也是心灵贫乏的穷者吗？

其实，在佛教看来，世间并没有穷人。有时间的人，用时间去帮助别人，他不就是时间的富者吗？他善于言辞，用语言来赞美鼓励别人，他不就是一个语言的富者吗？他用微笑、欢喜、礼敬待人，不就是一个内心充实的富者吗？他用力气帮助别人、服务他人，这不也是有力的富者吗？所以，贪心不足的人永远是贫穷的，乐于助人的人则永远都是富贵的。

说到财富，我们不能只看一时的财富，要看永生的财富；不要看一人的财富，要看共有的财富；不要看聚敛的财富，要看活用的财富；也不要看形相上的财富，而要看内心无形的财富。一个人拥有智慧、慈悲、信仰、欢喜、满足、惭愧等，这些都是我们的财富。《金刚经》云：若人以四句偈语与人广结法缘，即胜过三千大千世界的七宝布施。所以，富者与穷者应作如是观！

有一个大富翁，拥有千万的财富，别人和他谈话，他都诉说："穷啊！穷啊！"有人就质问他："你家财万贯，为什么还要哭穷呢？"他说："不知道什么时候会有水灾或火灾，所谓'水火无情'，财富会给水火荡尽啊！"那人再质问之："哪有这么巧，这么多的水火？"富翁说："贪官污吏也会抢夺我的财富啊！"又有人质问道："哪有那么多的贪官污吏？"富翁说："不肖的子孙也会把我的钱财败光，终至倾家荡产啊！"富翁接着又说："还有盗贼土匪、通货膨胀、金融风暴、经济不景气等，都可能使我的财富一夕之间化为乌有，因为财富乃五家所共有，我怎么能不穷呢？"

另外有一个平凡的农夫，经常告诉人家，说他是全国最有钱的富翁。税捐处听到之后，就想要扣他的税，问他是不是自称为世上最富有的人。农夫认可后，税务人员就问他："你有哪些财富呢？"农夫说："第一，我的身体很健康，再者我有一位贤惠的妻子，我还有一群孝顺的儿女，更重要的是，我每天愉快地工作，到了秋冬的时候，农产品都会有很好的收成，你说我怎么不是世上最富有的人呢？"税务人员听完之后，恍然大悟，终于恭敬地对他说："你不愧是一个最懂得人生之道，最具有智慧的富者。"

所谓"人为财死"！人往往为了贪财好利，在过分地贪求物欲的时候，丧失了宝贵的生命，真是何苦来哉！假如我们想要拥有真正的财富，明理、勤劳、喜舍、道德，都是真正的财富。因为这些财富不但一时受用，还可以终身受用；不但一人受用，还可以大众受用。

所以，所谓财富，公财、共财、净财、善财，才是真正的财富！

星云日记

我们要用心开发我们的田地，把恶念转成善念，把内在的欢喜、信仰、慈悲、智慧开发出来，这些比拥有万贯的财富还重要。世间不一定有钱才富贵，有钱但生活得不快乐，金钱何用？能拥有欢喜，才是无上珍宝。"万法唯心"，用佛法来接心，以净化我们的生活，将真心找回来很重要。

罚他做个大富翁

一只老鼠不小心掉进了一个盛得半满的米缸里。这飞来的口福，老鼠岂能放过？一顿饱食后倒头便睡。

不知不觉中，老鼠在米缸里已过了好长一段时间，有时它也想跳出去算了，可是眼瞅着这么多的白米，嘴里便直痒痒，真舍不得离开。直到有一天米缸见了底，老鼠才惊觉缸底到缸口的高度无论如何已是难以企及；更要命的是，此时它已胖得如一只笨拙的肥猫，几乎没有什么弹跳力了。

它面临的只有两种不幸的结局：成为主人的棒下鬼，或是饿死在米缸中。

财富，是我们每一个人所希望、所喜欢的，但是，财富并不一定是最好的东西。

在佛经里面有一段记载说：有一天，法院法官升堂的时候，有一条狗来向法官告状。法官觉得很奇怪，就问："狗子为什么要来告状呢？"狗子说："法官大人！我因为在外面行走很久，肚子饿了，我走到一户人家门口，想要向那家人要一点饭来吃。我也遵守狗子的礼节规矩，向那人要饭吃，而那人不但不给我饭吃，反而打我。"法官一听："咦！狗子要饭吃，还有规矩吗？狗子你说，有什么规矩？"狗子说："我们狗子向人要饭吃，有一定的规矩——我们前面的两条腿可以爬进屋门内，但后面的两条腿和尾巴必须要在门外，不可以进入门内。我是以这样子的规矩来要饭的，他们为什么要打我呢？"

法官听了以后就说："把那个人找来，我要询问这件事情。"打狗的人经法官一问，坦白地招认，因此罪名也就确定了。法官问狗子道："你希望用什么方法来处罚这个打你的人呢？"狗子回答说："请法官大人罚他做个大富翁！"法官听了哈哈大笑道："你叫我处罚他做个大富翁，不是倒给他讨了便宜吗？"狗子说："报告法官大人！我这个狗子，前世就是一个大富翁，因为我为富不仁，愚痴、贪婪、凶恶，不肯喜舍，所以死了以后，堕入畜生道中受种种的苦难，吃人的剩菜剩饭，替人守门，被人棍打脚踢，非常的痛苦，所以我要求法官判罚他将来也做个大富翁。"

我们刚才说财富很好，是大家所喜欢的，但是财富对某些为富不仁的人又是不好的。我们放眼看当今社会，有很多人是富有的穷人，但也有少部分是贫穷的富人。既然富有，为什么又说他贫穷呢？

（一） 最富的穷人

有很多富有的人，有钱不会用，有钱用到不好的地方，甚至有钱不肯用，如此，虽然有钱，也不就和穷人一样吗？

佛经中，有一个善生长者，有一天，他得到了世间最稀有、最宝贵的旃檀香木做的金色盒子。长者就对人宣布说："我要把这宝贵的东西，赠送给世间最贫穷的人。"很多贫穷的人就来向他要这个金色盒子，但这一个人来要，善生长者就说："你不是世间最贫穷的人！"那一个人来要，善生长者又说："你不是世间最贫穷的人！"

大家就奇怪了，"你不是真心要把这个金色盒子送人吧？"善生长者就说："我这个金色盒子要送给世间最贫穷的人，谁是最贫穷的人呢？我告诉你们，不是别人，他就是我们的国王波斯匿王，他才是世间最贫穷的人。"

这个消息慢慢地传到波斯匿王那里去，他非常不高兴，"哼！我是一国之君，怎么可以说我是世间最贫穷的人呢？去！去把善生长者找来！"

波斯匿王把善生长者带到收藏珍宝的库房里，问："你知道这是什么地方吗？"

善生长者说："这是收藏黄金的金库。"

"那是个什么地方呢？"

"那是收藏银子的银库。"

"那是什么地方呢？"

"那是珍藏珍珠的宝库。"

波斯匿王大声责问道："你既然知道我有金库、银库……这么多的财宝，你怎么可以在外面散布谣言，说我是世间最贫穷的人呢？"

我们要知道，在善生长者的心中，他认为波斯匿王虽然有钱，却不会照顾社会大众，不知道做一些利于人们的事业，虽然有钱却不会用，这不就是世间最贫穷的人吗？

……

（二） 最穷的富人

世间有很多富有而贫穷的人，世间也有许多贫穷而富有的人。像古代的哲学家苏格拉底临死前，他的弟子问他："老师！你还有什么遗言呢？"苏格拉底突然想起说："啊！我还欠人家一只鸡，还没有还他。"你看！一个大哲学家到临死之前，连一只鸡也没能力还给人家，可他是否真正贫穷呢？苏格拉底的智慧几千年来仍然影响着这个世间的人，所以说，像苏格拉底这样的人，他是不穷的，反而是贫穷中最富有的人。

佛教中的弘一大师，一条毛巾，一用就是十年以上，已经破烂了。他的朋友夏丏尊见到时，不忍心，就说："我买一条新的毛巾送给你吧！"弘一大师回答说："不用！这一条还很好用呢！"像弘一大师，他不是贫穷，实在来说，他的富有——在精神上的富有，是没有人可以和他相比的。

（三）宿因与现缘

有时，财富，在能用方面，大家是共通的，但在所有上就有分别了。例如农夫种田，所种的收成，当然是供应大家生活吃用的，但是小麻雀也去吃一点，这也不要紧，虽然不是要给它吃的，但是它终于吃了一点。所以这个世间，所有是个别的，但享用有时是能共通的。在这世间，我们不一定事事物物都非要有所有权不可，只要我们能够共同享用，那也就很幸福了。

（四）用钱与藏钱

过去有一个人储蓄了很多的金砖，由于储蓄了很多，就藏在家里的地底下，一藏就藏了三十多年，却一直都没有用过。这三十年中，虽然他都没用过，但他有时去看一看就欢喜了。

有一天，这些金砖给人偷去了，那时他伤心得死去活来。旁边有人问他说："你这些金砖藏在那边三十多年了，你有没有用过它呢？"

"没有！"

那个人就说："你既然没有用过，那不要紧，我去拿几块砖头，用纸包起来，藏在同一个地方，你可以常常去看，把它当做金砖藏在那里，这不是一样可以欢喜吗？又何必这么伤心呢？"

所以，世间所有的金钱都不是我们的，佛经说是五家共有的，金钱要用了才是自己的。聚敛，做一个守财奴，终不是一个善于处理金钱的人。

（五） 福报与现缘

有的人看这个世间有人很有钱，就说："啊！你好有福报啊！"有的人，自以为自己很有福报，但是光有福报是不可依靠的，福报固然要紧，但还必须要有现世缘，现世的这个"缘"才是最要紧的。

银行里的存款再多，没有再继续存款，终会有用完的一日。所以佛经在说明现世缘的重要性时，有一个很好的譬喻：

有一个男人自以为很有福气，祖先留给他的家产很多，所以养成了好吃懒做的习惯，连吃饭也必须要太太来喂他，他才愿意吃。有一天太太要回娘家，要一个星期以后才能回来，但想到他先生连吃饭都不会，怎么办呢？经过一番考虑，她做了一个大米糕，套在他先生的颈上，心想你饿的时候，只要张开口就可以吃到，我一个星期后就回来了，这样大概就不会被饿死吧！这个太太就这样回娘家去了，但一个星期以后回来，发现她的丈夫已经饿死了！

为什么他先生会饿死呢？因为这个大米糕套在他的颈上，在他嘴前吃得到的，第一天就全部被吃光了，但是剩在嘴旁的，由于必须要用手去拨一下才吃得到，他就懒得用手去拿来吃，所以就这样给饿死了。因此光是有福报，而现世缘不够，还是不能享受这个福报的。

"禅"，不管在什么场合，都是被发问最多的题材。禅要用心去体会的，语言文字不易阐述，反而会引起大家醉心的追求。"悟"是非思、非想、非言，不必解释的当然道理。"禅悟"是一体两面，很多人关心"禅"，往往忽略悟，所以都不是真正懂得"禅"！

人生之所以会苦恼，有的是对苦乐太计较，就被苦恼所牵制；对荣辱太计较，就被荣辱所牵制；对得失太计较，就被得失所牵制；对生死太计较，就被生死所牵制。如果能从中解脱出来，自在、快乐自然唾手可得。

淡有淡的味道

英国女王伊丽莎白二世经常说的一句英国谚语是"节约便士，英镑自来"，每天深夜，她都亲自熄灭白金汉宫小厅堂和走廊的灯，她坚持皇家用的牙膏要挤到一点不剩；号称"车到山前必有路，有路必有丰田车"的日本丰田公司，在成本管理上从一点一滴做起，劳保手套破了要一只一只地换，办公纸用了正面还要用反面，厕所的水箱里放一块砖用来节水。一个贵为一国之尊，一个是世界著名的跨国公司，节约意识竟如此强烈，令人赞叹。

世上，诱惑人最大的力量，就是财、色、名、位。假如有了财富，你能安于财富吗？有了情色，你会安于情色吗？有了名位，你会安于名位吗？有了权势，你会安于权势吗？

人，只要有人格、有修养，安贫乐道的人还是很多。像春秋时代的颜回，"一箪食，一瓢饮，居陋巷，人不堪其忧，回也不改其乐"，他就是有安贫乐道的思想；战国时代的颜斶，"安步当车，晚食当肉"，他也是有安贫乐道的精神；晋朝的陶渊明"采菊东篱下，悠然见南山"，他过的就是安贫乐道的生活；近代的弘一大师说"咸有咸的味道，淡有淡的味道"，他也是实践安贫乐道的修行者。

"贫！贫！贫！去年贫，还有立锥之地；今年贫，连立锥之地也没有。"禅师们对于安贫乐道，所谓"少一分物欲，就多一分发心；少一分占有，就多一分慈悲。"他们对于世间的一切，享有但不一定要拥有。例如有的禅师，明天的午餐还不知道在哪里，他却说："没有关系，我有清风明月。"有的禅师，皇帝请他下山他不肯，他以山间的松果为食，与大自然同在。所谓"昨日相约今日期，临行之时又思维；为僧只宜山中坐，国土宴中不相宜。"不能安贫乐道的人，即使在佛教里也守不住。

有一个富翁到一个小岛上，见到当地的农夫，就问："你们在这里做什么？"农夫回答："在种田。"富翁说："种田有什么意思，多辛苦啊！"农夫反问："那你来这里做什么？"富翁说："我来这里欣赏风景，与大自然同在啊！我平时忙于赚钱，就是为了过这样的生活。"农夫说："几十年来，我们就是没有赚钱，也照样过着这样的日子啊！"

自古以来，多少文人雅士回归田园生活，都是为了实践安贫乐道的生活。多少高官厚爵最后辞官归故乡，也是为了不愿昧着良心争权夺利，回归民间，过着安贫乐道的日子。现在的社会，物质丰盈，人心却越发空虚，甚至过分纵情物欲，"笑贫不笑娼"，导致道德沦丧，人心浮动不安。所以，现在的社会要想重整道德伦理，需要建立清贫思想，才能返璞归真，重拾真心本性。

星云日记 "有"和"无"在我心中都是一样的，而且这许多事业并不是我刻意要去创造，也不是用贪心去获得，我是"以无为有""以空为乐""以退为进"。所以有时钱财的拥有，不一定要从有形上去看，我们内心的财富就有很多。例如，我很有信用，人们就放心地委托我做事。当然，信用就是财富。

生活的品味

有一个人在河边钓鱼，他钓了非常多的鱼，但每钓上一条鱼就拿尺量一量。只要比尺宽的鱼，他都丢回河里。

旁观人见了不解地问："别人都希望钓到大鱼，你为什么将大鱼都丢回河里呢？"

这人不慌不忙地说："因为我家的锅只有尺这么宽，太大的鱼装不下。"

不让无穷的欲念攫取己心，"够用就好"也是不错的生活态度。

摘引自《哲理故事三百篇》

人，每天都要生活，生活最起码的需求就是衣食住行等资生日用。但是，同样的物质生活，每个人的需求不一，有的人吃要吃山珍海味，住要住高楼大厦，穿要穿绫罗绸缎，出门非进口轿车不坐。有的人则是粗茶淡饭、布衣粗服，生活却过得欢喜自在，所以一个人的物质生活应该享有多少才能快乐，并没有一定的标准。

佛教对于日常生活的资用之道，并没有要求每一个信徒一定要苦修，当吃，要吃得饱；当穿，要穿得暖。只是除了生活所需，在饮食、服饰、日用等各方面，不应该过分奢侈浪费。因为物质容易引起人的欲望，让我们生起贪恋的心。物质是有穷尽的，欲望是无穷尽的，一旦被物质引诱，则苦海越陷越深。所以，佛教的学道者一向生活朴素淡泊，平时所拥有的衣物合计不过二斤半重，游方僧侣随身携带杨柳枝、澡豆、水瓶、坐具、锡杖、香炉、滤水囊等"头陀十八物"及"三衣钵具"，就可云游天下。

钵是出家人的食器，又名"应量器"，也就是饮食要知节量，勿生过分贪欲之心。如《释氏要览》中说："《梵摩难国王经》云：'夫欲食，譬如人身病服药，趣令其愈，不得贪着。'"《杂阿含经》说："人当自系念，每食知节量，是则诸受薄，安消而保寿。"《佛遗教经》说："受诸饮食，当如服药。于好于恶，勿生增减，趣得支身，以除饥渴。"

此外，进食时，心存五观，更是一种健康饮食的方法。即：一、计功多少，量彼来处；二、忖己德行，全缺应供；三、防心离过，贪等为宗；四、正事良药，为疗形枯；五、为成道业，应受此食（摘自《敕修百丈清规》）。

在物质上不贪心执著，精神生活自能升华扩大。佛陀日食麻麦充饥、大迦叶尊者居住冢间、鸟窠禅师巢居树上、大梅法常荷衣松食、六祖大师吃肉边菜、游方僧方便吃三净肉等。他们山崖水边，日中一食，衣钵以外别无长物，而其解脱自在的心胸，你能说他是一个穷者吗？

佛教虽然不太重视资用生活，但世间还是要借物质来呈现庄严。一座寺庙里，大雄宝殿如果不是巍峨堂皇，怎么会有人来参拜？佛像如果不庄严宏伟，怎么会有人尊敬？西方极乐世界，因为黄金铺地，七宝楼阁，富丽堂皇，所以才能接引众生，欣然往生其国。

淡泊物质，是自我要求，但不能用此标准来要求别人。佛门虽然讲究个人的生活要简单朴素，但对大众则建广单，接纳十方大众挂单。正如杜甫所说："安得广厦千万间，大庇天下寒士俱欢颜。"

　　佛教虽然呵斥物欲，反对过分沉迷于物质享受，但在普通社会里，适度地拥有物质文明的享受是合乎道德的。不过对于一些实践苦行的人，希望借着淡泊物欲来磨炼自己的意志，也是为人所称道的。例如，丛林里的生活，师父往生了，衣单用物又再传给弟子，一件衣服即可传递数代，就是我自己几年的丛林生活也莫不如此。假如我们对物质有远离的看法，就能不受物役，就能不为形累。所以《金刚经》叫人不可住于色、声、香、味、触、法六尘的境界上。因为五欲六尘中缺陷很多、苦恼很多，一旦身陷其中，则不容易超脱，所以《大宝积经》云："财宝色欲及王位，无常迅速须臾顷；智者于斯不欣乐，勤求上妙佛菩提。"《华严经》也说："常乐柔和忍辱法，安住慈悲喜舍中。"如果我们能淡泊物欲、勤求法乐，能够欢喜柔和忍辱、拥有慈悲喜舍，这才是吾人生活之道。

　　社会上一般人的生活，物质占去了主要的部分。试想生活里的衣食住行、行住坐卧，哪一项能少得了物质？哪一项能不与物质发生关联？因为生活缺少不了物质，所以人类就甘愿做物质的奴隶。其实，人生不必只追求享乐、富有。我们也不要做金钱的奴隶，应该增加生活的情趣、提高生活的品味。例如住家环境的整洁美化，有助于生活质量的提升，因此，每日勤于打扫庭院，把家里整理得窗明几净、舒适，院中亦可莳花植草，以增进生活意趣。乃至偶尔与三五好友到郊外游山玩水，也会提升生活的品位。尤其能把自我融入工作或大自然之中，如花朵般给人欢喜，如山水般给人欣赏，如桥梁般供人沟通，如树荫般让人乘凉，如甘泉般解人饥渴。能够自我创造生命的价值，这才是吾人所应该追求的生活品位。

总之，人要生活，猪、马、牛、羊也要生活，即使昆虫、动物，都需要生活。但是，生活的品味，各有不同。现代人追求时尚的品牌服饰、流行的妆容，甚至时兴瘦身、美容等"改造"的功夫。其实真正的美丽是一种从内在自然流露出来的威仪、庄严、安详、自在，所以《法句譬喻经》说："慧而无恚，是谓端正。"能够用心改造一下自己的个性、习惯、观念、人际关系，把不好的改好，把不善的改善，把不正的改正，把不美的改美，这才是人生最基本的生活质量。因此，人间佛教的生活观，主张生活必须佛法化，也就是除了金钱、爱情以外，在生活里还要增加一些慈悲、结缘、惜福、感恩的观念，甚至于明理、忍辱的佛法，生活里有了佛法，比拥有金钱、爱情更为充实。

星云日记

人大都是为钱而生活，但钱是无限的，所以够用就好。人生要有计划，不要一味为钱而赚钱。印度人将人的一生安排为——

二十岁以前是读书充实期。

四十岁以前是事业服务期。

六十岁以前是游学传道期。

八十岁以前是修行法乐期。

为了教育子女而没有时间学佛。关于这个问题，我的意见是，身为主妇要以教育子女为先，学佛要在不影响家庭的前提下为之，甚至学佛要增加家庭的和乐与幸福！

比金钱更重要的东西还有很多，如快乐、技能、学问、智慧、般若、寂静……人生要追求的东西太多了。

命运应该不是定型的，只要自己努力向上，命运会为你效劳。

贫与富不过是一种价值认同

很久以前有一位商人，带着两袋大蒜，一路跋涉到了阿拉伯地区，便把所带的蒜全部给了当地人，那里的人从没见过大蒜，更想不到世界上还有味道这么好的东西，因此他们用当地最热情的方式款待了这位商人，临别时还送给他两袋金子作为酬谢。

那位商人回来后把他的经历告诉了他的朋友，听到这件事后，他的朋友不禁为之心动，他想："大葱的味道不是也很好吗!"于是，他就带着满满两袋大葱来到了那个地方，也把带来的大葱全部分给了当地人，那里的人同样没见过大葱，他们觉得大葱的味道比大蒜的味道更好。当地人更加盛情款待了这个商人，在为商人送行时，这里的人一致认为，用金子远不能表达他们对远道而来的客人的感激之情，经过再三商讨，决定赠给这位朋友他们最喜爱的东西——两袋大蒜。

摘引自《小故事　大启示》

我初入丛林古寺参学时，发现有些人以穿褴褛衣衫为标榜，有些人以吃馊饭剩菜为修行，有些人装穷卖傻，扬言金钱名利是毒蛇猛兽，故以贫穷为清高。有一天，我听到一位在客堂服务的知客师大实法师痛切地说道："贫穷！贫穷！大家都崇尚贫穷，极乐净土的七宝楼阁、黄金铺地的庄严世界，由谁来完成呢？实际上，贫穷就是罪恶啊！"

这番剀切的指陈，如雷击顶般穿过我的耳际，我开始反复思考。当年，战祸连绵，国势维艰，民间建设固然百废待兴，寺院经济更是萧条不振。贫穷，已是举国普遍的现象。那时，家师志开上人担任栖霞山寺监院，他不但从不喊穷，也不叫苦，反而从开源节流上着手，设置果菜农场，实践自耕自食；创建炭窑纸坊，提倡劳动生产，对于寺内经济的自给自足可以说贡献至大！而栖霞律学院、私立宗仰中学也因此而能办成。我们每日勤苦作务，以稀粥、杂粮、豆渣果腹，却将豆腐菜肴留起来供给信徒施主。仔细想来，这不就是以行动告诉大家：真正的贫穷是坐以待毙，是心内能源的枯竭堕落？佛教要有钱才能办事业，要有钱才能和大众结缘。我恍然大悟：贫穷，怎么不是罪恶的渊薮呢？

回想起来，我之所以能够很快地契悟"贫穷就是罪恶"的道理，与我童年的经历有着莫大的关系。记得小时家境清寒，我曾经沿街叫卖，贴补家计，也曾经以牧牛、拾荒维生，我从不因为贫穷而感到自卑，因为我自觉有能力去帮助父母分忧解难，是一件很光荣的事。为了取悦经年卧病的母亲，我还常常为她讲述一些七言俚语故事，古人寒窗苦读、忠孝节义的事迹，却也因此而深深地印入我小小的心灵，成为我日后行事的准绳。从小我就体悟到：贫与富，对个人而言，只不过是自己心理上的价值认同而已，但如果国家社会大众贫穷冻馁，将会引发无穷的罪恶问题。

十二岁，我剃发出家后，在佛教里，我发现了更宽广的世界。原来寰宇之大，不仅是天地君亲师而已，我们所生长的地球是三千大千世界中的一个小宇宙，除了此生此世以外，我们已经在娑婆世界轮回流转不止千生万世了。六道众生也无非是我们过去生中的父母亲朋，诸佛菩萨的旷劫精进更是令人叹为观止……多少个傍晚，余晖斜映，彩霞满天，我在焦山的江边踱步，默念着经典上"心、佛、众生，三无差别"的句子，细细地体会"心包太虚，量周沙界"的真理，感到自己在无限的时空里，真是渺小又富有。

尽管丛林物质生活十分缺乏，平日还要接受师长们无理的要求、无情的打骂，我却没有丝毫怨尤。我反而感谢老师们引导我进入真理的领域，我感恩常住给我一个安身的道场，我感激十方信施滋润我的色身，我感念芸芸众生供给我生活所需。虽然大殿里的佛祖没有和我讲过一句话，为我剃度的恩师也未曾给予我好言安慰，我仍然感激佛陀摄我以正法，家师赐我以慧命。每于晨昏自想，自己何功何德，而能承受种种供养？于是，我发愤读书，勤于作务，我立誓要将全副身心奉献尘刹，也因此，我在参学期间，过得分外法喜。我深深觉得，我们不必要求形相上的物质，也毋庸企盼别人施与温情，只要我们懂得知足、感恩、奉献、结缘，一切的荣华富贵都在自己的方寸之间。

离开祖庭白塔山大觉寺，来到华藏寺担任监寺时，我才二十二岁。那时，国难方殷，财政瓦解，经济崩溃，民不聊生，往往扛了一大袋钞票出去，才换回一瓶油、一包盐。一日三餐，我们都以馇粥糊口，还要费尽气力与保守的旧僧周旋。虽是贫乏至极，我们并不感到灰心，因为我们以佛教的兴衰为己任，所以我们每天都活得很充实，而我们所共同拥有的理想与抱负，就是心中那不灭的能源，它鼓舞着我们为法忘躯，为教牺牲，在所不惜。

1949年，我赤手空拳从大陆来到台湾，可以说是一贫如洗。我的一双木屐穿了两年，连底都见地了。身上仅有的一件短褂，也缝缝补补地穿了三年。同参道友纷纷出去赶法会，做佛事，回来又是儫钱，又是礼品，大家围成一团，彼此炫耀自己的收获，热闹非凡。我却连拥有一支笔、一张纸都万分困难。有些信徒怜悯我贫穷，劝我放弃撰文投稿，随着寺众去赶经忏，做法会，但我未曾动心，因为我时时刻刻都觉得天地万物与我同在，身外的财富虽然短缺，我更应该开拓心中的能源。清晨时分，当我独自拖着板车，到几公里外的市集去买菜时，天上的孤星残月、路旁的花草树木，都成为我的法侣道友；当我在庭院洒扫扒粪时，我默默祈祷芸芸众生皆能扫除烦恼尘垢；当我到寺外帮忙收租时，我感谢山河大地供我驰骋遨游；当我看护病人、掩埋死尸时，无常的信息使我警惕自己，要在佛道上精进不懈。我感到自己非常的富裕，因为宇宙的森罗万象都是我心中的禅悦法喜，而写作发表则是为了让别人分享自己所体验到的无上法乐。

虽然我很能随缘度日，但我并非是一个因循苟且、得过且过的人。当因缘成熟时，我毅然告别最初挂单的寺院，开始为我的志向——振兴佛教，努力奋斗。于是我昼夜六时接引佛子，栉风沐雨，弘法利生。回想我当时身无长物，却能为佛教开展出一片新的契机，其理无他，只在于我不忍见佛教贫穷若此，所以我发愿要力争上游，为佛教和众生创造美好而富有的世界。我在此奉劝天下的年轻人，自己可以不积聚外财，但不能不开发心内的智慧宝藏。自己可以无财无势，但不能不立志为国家、社会开创富强安乐。

多年来，我虽然忙于说法度众，但从未离开佛教文化的工作岗位。后来，我以著述所得，也蒙信徒赞助，购买了一栋精巧的普门精舍，住在里面，读书写作倒也逍遥自在，然而为了能为佛教多贡献心力，我还是将房子卖了，买下佛光山，创办佛学院，为佛教育英才。虽然我耗财费力，不曾拥有什么，但是我享有一切努力的成果。为了创建佛光山，虽然我负债累累，却从不感到贫穷，因为我时时心甘情愿地将身心献予十方尘刹。

四十年前，佛光山原是一片竹林密布的荒山，当时，有人曾经怪我，为什么好好的都市不住，却要到穷乡僻壤来拓地垦荒？但一股信心支持着我弘法兴学。多年来，我们在经济拮据的情况下，披荆斩棘，与洪水搏斗，与悍民周旋，终于开辟出佛光山这座道场来。天下无难事，一切的空无贫乏不是阻力，信心、诚心、耐力、毅力，就是最宝贵的财富。等待、拖延、犹豫、无恒，才是贫穷的根源。庄严富丽的极乐世界是阿弥陀佛秉持四十八愿，于无量阿僧祇劫中完成的，我们要在人间建设富裕安详的净土，当然也不能坐等诸佛菩萨的加持现身，而应该效法他们的慈心悲愿，认真地去创造自己的未来。

起初决意创办佛学院时，我身无分文，但我以为，信心就是我的财富。因此，我力排众议，着手办学，果然，一间间佛学院就这样办起来了。当上山来的信徒日增时，为了安顿他们的心灵，我计划建设佛殿。那时，我手无寸银，然而自念，社会大众就是我的财富，于是，靠着"十方来，十方去"的理念，一座座的殿堂也建立起来了。后来，朝山礼佛的善男信女络绎不绝，由于不忍看到他们食宿不便，我又打算兴建朝山会馆。虽然掌管财务的杨慈满居士一再向我报告，已经借贷无门，我还是择善固执，因为我确信，我的人格信用和信徒的发心净财就是财富啊！现在，不是又增加了一栋栋的殿堂、一间间别分院来为信众服务吗？贫穷不是借口，只要我们心中有佛法、有慈悲、有智慧、有愿力、有社会、有信徒，"真空"就能生出"妙有"来。

我经常被问到这样的问题："你没有读过师范学校，怎么会办教育呢？你也没有学过建筑，怎么会建房子呢？"不错，我既没有读过师范，也没有学过建筑，但过去当我还在佛教学院求学时，我就想过，将来如果我办教育，我要如何计划教学，我要如何实践理想？我从大陆来到台湾，又弘法到国外，我走过很多地方，见过很多房子，每去一处，我都很留意当地建筑的结构、样式、格局、环境，并且设身处地地思量，如果我是工程师，应该如何设计这栋房子？应该如何规划这块土地？由于平日的用心，一旦机缘成熟，不论筹办学校，还是创建道场，一切构想早已成竹在胸，自能水到渠成。如果你问我有什么秘诀，我只能说，自己比别人会利用零碎时间，多留心万事万物而已。天地万物，一切现成，只看我们有没有巧思慧心，将宇宙万物化为自己的财富罢了。而心里贫穷的人，只知不劳而获，向外贪求现成，结果越贪越穷。几曾见过贪婪悭吝的人能发财呢？能"舍"才能"得"啊！

几十年来，我陆陆续续地看到，年幼的一些同道在生活艰难的压力下，纷纷另做打算，有些人则被金钱名利埋葬，失去了自己的方向。惋惜之余，我不禁为自己感到庆幸，当年在困苦的环境下，如果我自怜自艾，不能在心内挖掘宝藏，成为自己的动力。或者短视近利，只贪图眼前现实的利益，又怎能坚守佛教的信念与心中的抱负呢？直到现在，我一直认为，物质上的空无，正是生命历程中的试金石。

然而，这个社会上有些人却矫枉过正，歌颂贫穷，诅咒富有。事实上，有许多人是因为勤奋努力而得到应有的财富。如果社会上一味地贬抑富有，只怕长此以往，蔚为风气，徒然造成社会进步的阻力罢了。

金钱固然是烦恼祸患的根源，但净财也是学佛修道的资粮，是弘法事业的基础。人间的佛陀其实正是富贵人生的提倡者，他固然以毒蛇来比喻黄金，但也主张赚取净财，拥有适当的物质生活。在

《六方礼经》中，他指导善生如何运用金钱。在《弥陀经》《药师经》等宝典中，他描绘诸佛的净土都是黄金铺地、七宝楼阁，可见佛教并不排斥清净的富有。

秉持着佛陀的遗教，我倡导"储财于信徒"的理念，对于十方的供养，我取之有道，我不敢受太大的信施，而要求信众在不自苦、不自恼的情况下量力布施，因为我觉得正信佛法的弟子要重视自己的家庭以及事业的需要。我也兴建现代化的各种硬设备，使佛教弟子们都能在清净舒适的环境里修行学道，事半功倍。我认为对于财富珍宝，乃至其他五欲，能做到不贪不拒，才是佛陀所说的"中道"生活。

我曾经游走于中国的大江南北，参访过各个名山古刹。多年来的阅历，使我深深感慨，佛教界和任何团体一样，财产不在患寡，而患不均。对于钱财的处理运用，不在有无多少，而在概念的正不正确，以及会不会用钱。有钱而不会用钱，和贫穷一样匮乏。所以有钱是福报，会用钱才是智慧。

有钱，要为佛教和社会用了，不可储存。很多人看到佛光山一栋栋金碧辉煌的建筑，但很少有人知道佛光山经常无隔宿之粮，甚至一直举债度日。我最高兴的倒不是将十方信施净财用于建设道场，我最欢喜的事是将钱财培养了人才。一千多个僧众，他们弘教说法，长于解除信徒疑难；他们住持道场，善于行政法务；他们在世界各地参学，通晓各国语言；他们把佛教带向人间化、现代化、生活化、国际化，这是对信徒布施净财的最大回馈。此外，他们还编印《佛教大藏经》《佛学辞典》，发行杂志书刊，兴办养老育幼、施诊医疗等种种公益慈善事业，就更不在话下了。

社会上有一些不明真相的人，他们无视于佛光山对佛教发展以及社会教化的贡献，批评佛光山商业化，指佛光山很有钱。其实，佛光山不是很有钱，而是很会用钱，今年的钱用出去了，明年乃至后年的钱也用出去了。在日日难过日日过的生活下，我们将每一分净财都用在培养人才、弘法利生的佛教事业上。佛光山不矫情，视金钱为罪恶，也不滥用金钱，积聚金钱，使金钱成为罪恶的渊薮。我们的信念是要借着佛教的力量，把苦难的娑婆世界建设成富乐的人间净土。

有人曾对我说："真可惜你出家了！要不然你会和王永庆一样有钱。"王永庆先生是杰出的大企业家，他的财富，我怎能比？所以，对于这些话，我始终不以为意，但是我们出家人，出家无家，只要我们安于八正道、六波罗蜜，无住而住，正可以处处无家，处处为家。三千大千世界，宇宙万物都在我的心中。我富有三千，王永庆先生又怎能与我相比？出家无子，只要我们拥有天下父母心，天下人都是我们的儿女。出家无财，只要我们运用般若智慧，秉持慈心悲愿，到处都是自家的宝藏。因此，我深深感谢有这份福德因缘得以出家为僧。

1993年年初，我返乡探亲，中国佛教协会赵朴初会长赠我一偈，其中的一句是："富有三千界，贵为人天师。"这可说是我出家七十多年以来，心境上自我期许的写照了！

星云日记

在佛门，有些人总认为贫穷才是有道行，谈"钱"就认为很粗俗。除非一个人不做事，要做事就离不开钱，金钱是学道资粮，是很现实的一个问题。如何将信众布施的善财、净财、圣财，好好用在佛化事业上，才是值得关心的事。

比金钱更重要的是心香一瓣

一个替人割草打工的男孩打电话给一位陈太太说："您需不需要割草？"陈太太回答说："不需要了，我已请了割草工。"男孩又说："我会帮您拔掉花丛中的杂草。"陈太太回答："我的割草工也做了。"男孩又说："我会帮您把草与走道的四周割齐。"陈太太说："我请的那人也已做了，谢谢你，我不需要新的割草工人。"男孩便挂了电话，此时男孩的室友问他说："你不是就在陈太太那割草打工吗？为什么还要打这电话？"男孩说："我只是想知道我做得有多好！"

摘引自《哲理故事三百篇》

世间人为财死的例子不胜枚举。其实，财富不要完全从金钱上去看，人生应该追求的，除了金钱以外，还有更多的财富。有些财富是佛教认可的，有些财富是佛教不认可的。那什么是佛教认可的财富呢？

（一）　身体的健康

健康的身体是我们的财富。梦窗国师说："知足第一富，无病第一贵，善友第一亲，涅槃第一乐。"俗语也说："留得青山在，不怕没柴烧。"有了很多钱，身体不健康，吃也吃不下，玩也没力气玩，拥有财富又有何意义呢？我们宁可没有钱，也不能没有健康。所以说，健康的身体是佛教认可的财富。

（二）　生活的如意

虽然有钱，可是烦恼多，生活不如意、不顺心，心里感到不愉快，有钱也形同破铜烂铁一样，那不是真正的富有。虽然没有大富大贵，但生活能称心如意，那也是非常具有意义的人生。怎么生活才能如意呢？感恩和知足是最好的妙方，所以梦窗国师说知足第一富。

（三）　前程的顺利

人生，在坎坷不平的命运里奋斗，固然也是有意义、有力量的人生，但是终究不若前程顺利的人生，能做一些更有意义的事。如果想要前程顺利，就不得不注意人际间的善因善缘了。一个人能够有好的因缘，则前途充满光明与希望，前程一顺利，自然就是最大的财富了。

（四）　眷属的平安

家财万贯，难比家人平安，一个人即使再有钱，倘若家里的人都不平安，又有何用呢？金钱买不到和乐的家庭生活，所以眷属的平安，就是无形的财富。在佛光山，每年春节举行平安灯会，年年都庄严而热闹，可见平安是人人喜欢的。

（五） 合法的钱财

钱财的获得，必须要合法。用自己的智慧、力气、时间，辛苦赚来的合法财富，才能用得心安理得。我们佛教要赞叹合法的财富，不要有排拒财富的想法，因为信徒有钱，他们才有力量护法。佛教有钱，佛教才能复兴。

（六） 内心的能源

佛教认为最好而又最实用的财富，是内心的能源。一般人认为，地下的石油和煤是能源，海底的石油和矿藏是能源，虚空里的太阳能也是能源，其实真正的宝藏之源在我们的内心。像弘一大师，物质如此贫乏，却不以为苦；大迦叶尊者，刻苦修行，也不以为苦。古今中外，在佛教里多少苦行僧和修行者，他们一无所有，仍不以为穷，因为他们享受着心内能源的富有。

真正的财富在自己的心里。我心里生起智慧，智慧就是我的财富；我心中生起满足感，满足感就是我的财富；我心中生起惭愧心，惭愧心就是我的财富；我心中生起禅定，禅定就是我的财富；我心中生起般若智慧，般若智慧就是我的财富。所以我们不一定要在心外寻找财富，真正的财富，应该是内心源源不断的能源。

金钱再怎么多，也有用完的一天，中国有句俗语叫："万贯家财，不及一技随身。"学会了一样技能，比拥有任何财富都好，假如有了般若智慧，那又比拥有金钱、技能更好。

《金刚经》说："若有人受持四句偈，其功德胜过三千大千世界的七宝布施。"这就是宝施虽多，终是有限；法施虽少，功用无穷。

智慧能使你冷静下来处理事情，不会冲动，不会出纰漏。佛教的般若智慧，怎么会是财富呢？因为般若是无价之宝，是人人本具、个个不无的。般若是永恒的真理，是无量无边的自我，可以说证悟般若，就是有了无限的拥有。般若是什么？般若可以用"空"来解释，简单说，虚空里森罗万象，不空就没有，因为空，才能有，你拥有了般若，就好像虚空拥有了万有。

般若，就等于虚空万有一样，其实这一种"般若财富"都在我们的心里，因为这个般若可以给我们证信真理，可以给我们知情识理，可以让我们认识真我，可以让我们获证永恒的生命。有了般若，等于有了光明一样，在光天化日之下，所见到的一切，不都是我们的吗？

诗云："平常一样窗前月，才有梅花便不同。"一旦有了般若，你的穿衣、吃饭、事业、财富就不一样了。般若是我们的自性真如，是我们自己的本来面目。从前流行的一首歌中有一句歌词是这样唱的，"蔷薇蔷薇处处开"，现在我姑且改编如下，希望大家拥有无尽的财富，"花儿花儿处处开，人儿人儿处处在。般若般若处处开，生命生命处处在。想要富贵的人儿，大家都到佛前来。"

信佛不一定要用金钱布施，比金钱更重要的，是心香一瓣，随心、随力、随喜的布施才是最重要的。财富是人人所希求的，它可以分成很多种类，有物质的财富，也有精神的财富；有世间的财富，也有出世间的财富；有私有的财富，也有共有的财富；有现世的财富，也有未来的财富；有污染的财富，也有清净的财富；有外在的财富，也有内在的财富；有一时的财富，也有永久的财富；有狭义的财富，也有广义的财富；有有价的财富，也有无价的财富。

世间贫富之别，并非看金钱的多寡，应根据自心能包容多大、欢喜多少、满足多少而定。财富有宿因而来，也有现缘而有的。所谓宿因，就是过去世带来的因缘福报。例如，现在能做大老板，光是有学问，如果因缘不足还是不够的。除了宿因，尤其现世的因缘也很重要，广结善缘，给人一个亲切的微笑，说几句话赞美人、点头、握手，随喜功德，都会有意想不到的福德善缘。因此，人生要重视无限的未来，要不断地播种，不断地培养未来的因缘，才会拥有财富。

所谓感恩的经济生活，是每个人对生活上的一粥一饭，要有当思来处不易的感恩。一条丝、一块布都不是简单的事，我们有衣服穿，是因为有工人织布；我们有饭吃，是因为有农人种田；没有主播、演艺人员，我们就没有电视节目可看；没有公共汽车司机，我们出门就没有车子可乘。我们所以能生存于人间，主要的原因，就是有社会大众满足我们的需要。没有社会大众，我们就无法生活。所以我们要把经济道德建立在知足感恩上。

在过去，佛教界一向不喜欢谈金钱、谈财富。提到某某人很富有，有人就会表现出不屑一顾的样子，或者看到某个人很会理财，很欢喜赚钱，就鄙视他。其实，有钱并不是罪过，贫穷才会招致罪恶，所以我们应该导正观念，要发心建设财富丰足的人间佛教，因为黄金非毒蛇，净财作道粮；外财固然好，内财更微妙；求财要有道，莫取非分财。

富人之名，不是由所拥有的金钱多寡而决定，一个人即使没有很多钱，只要他肯布施给人，他就是富有者。反之，虽然很有钱，却不肯普济于人，则与穷人无异。推行人间佛教，不一定希望人人都是有财有势，主要是必须心里富有。有仁爱的心，即能发菩提大愿。

教徒以钱财护持佛教事业，供养布施，不但成为兴隆佛教的净财，同时也为自己广植福德因缘。但是净施要在"不自苦、不自恼、不悔施"的条件下，才算合法。

佛教是个富有、快乐、幸福的宗教。为了推展佛教，为了在人间建设净土，今日佛教应该重视净财，重视安和乐利的生活，重视现代化的设备与弘化方式，如此才不会被时代的潮流所淘汰。

佛教认为财富的获得，应从培福修德、广结善缘而来。一切都有"因缘果报"关系。因此寺院经济的管理人要有因果观念与常住观念，例如"有权不可管钱，管钱的没有权"；强调要用智慧庄严世间，而不要用金钱来堆砌，要能运用财富，而不为财富所用；尤其本着六和僧团的精神，重视"利和同均"，十分合乎现代人共有、共荣、共享的观念。这都是佛教经济观的特色。

佛教认定的财富特点是：1.内财与外财同具；2.接受与施舍同行；3.拥有与享有同有；4.知识与信仰同重。

都不是你的，又都是你的

过去秦人遗失一把宝剑，不但没有懊恼，反而说道："天下人失之，天下人得之。"这么一转念，不但宝剑没有失去，而且还拥有了全天下，何其乐哉！失去与拥有，包容与喜舍，其实是一体的两面，唯有将两面结合起来，我们才是真正地提起了全部。所以我们在世间生活，若能同时具备"什么都是我的"的胸怀，与"什么都不是我的"的雅量，才能如行云一般舒卷自在，像流水一样任运而行。

财富人人喜爱，但是，圣者又说"黄金是毒蛇"，财富究竟是好是坏呢？当然，善财、净财用得得当，财富越多越好；用得不当，财富也会造业。所谓"名枷和利锁，相牵入火坑"，可不慎乎！

财富如水，"水能载舟，也能覆舟。"财富无"善恶"，但善的因缘能成就一切，不善的因缘又能分散一切，正如水火，相助相克！

其实，财富分很多种，有狭义的财富，也有广义的财富；有有价的财富，也有无价的财富；有有形的财富，也有无形的财富；有现世的财富，也有来世的财富；有个人的财富，也有大众的财富；有物质的财富，也有精神的财富；有一时的财富，也有永远的财富。

所谓狭义的财富，就是金钱、房屋、土地、股票等；所谓广义的财富，就是健康、智慧、人缘、信用、口才等。

所谓有价的财富，诸如声望、名誉、成就、历史等；无价的财富，如人格、道德、真心、本性等。

除了以上这许多广义、狭义、有价、无价的财富类别以外，还有圣者的财富。

什么是圣者的财富呢？有一次，佛陀与阿难尊者在路上行脚，看到一群乌鸦为了一块死老鼠的肉，彼此争抢，打得头破血流。阿难无限慨叹地说："真可怜！一块死老鼠的肉，也值得这样争食吗？"佛陀说："世间的人，对功名富贵的追逐，不也是像乌鸦争食死老鼠吗？"在圣者的眼中，功名富贵如同死老鼠，但是，众生也是争得头破血流。

所谓圣者的财富，他们安住于般若禅定的财富里，他们拥有法喜与禅悦的财富享受，他们怀着惭愧慈悲的财富愿力，他们在"七圣财"里享用无尽。

其实，你固然可以拥有私有的财富，但更要懂得享受共有的财富，例如阳光、空气、净水等。如果你懂得的话，宇宙山河、公园道路，都是我们的财富，那我们还贫穷吗？

星云日记

什么才叫欢喜？吃好的，不一定欢喜，因为肠胃吃坏了，你就欢喜不起来。跳舞跳累了，打牌输钱了，你都不会欢喜，唯有从于闻法中得到的法喜、打坐、礼佛、禅定、结缘、赞美中才能得到真正的欢喜！发财，要发什么财？有形的金钱、股票、投资……皆靠不住，故勉大家要发信仰的财富，发忏悔的财富，发勤劳的财富，发知足的财富。

利和同均

德里·卡内基曾经是美国最富有的人。当他还是一个小孩子的时候，他便从家乡苏格兰来到了美国。他干过各种各样的零工，直到最终成为美国最大的钢铁制造大王。那时候，曾经有四十三个百万富翁为他做事。要知道，在当时，百万富翁可是非常罕见的。那时候的一百万美元至少相当于现在的两千万美元。

一位记者问卡内基："你怎么会雇四十三个百万富翁为你工作？"卡内基回答道："你应该记得，他们刚开始为我工作的时候，并不是百万富翁。他们成为百万富翁，是为我工作的结果。"

这位记者又接着问道："那么，你又是如何把这些人培养得对你如此具有价值，以至于你甘愿付给他们百万之巨的报酬呢？"

卡内基回答道："培养人才和挖掘金矿的道理是完全一样的。当开采金子的时候，每获得一盎司的金子，都要先去除几吨的矿渣和废石，但是，人们进入矿区，并非为了寻找矿渣，而是为了寻找发财的金子。"

一个国家的经济萧条，人民所得偏低，国家太穷了，固然是社会制度不好。过分的贫富不均，也是社会制度有了问题，所谓"朱门酒肉臭，路有冻死骨"，这都是不完善的社会制度造成的。这样的社会形态，国家难以长治久安。

贫富不均，其实是古今中外存在已久的问题，根据经济学家米拉诺维奇为世界银行进行的一项"世界贫富分化形势"的研究显示，全球贫富分化情况有急剧恶化的趋势，从1988年到1993年，全球贫富差距又扩大了5%。目前全球人口中最富裕的1%（5000万个家庭）的平均收入是24000美元，他们的总收入要高于收入较低的全球60%的人口总收入。全球贫富差距比人们以前所想的要大得多，当中最大的贫富收入差距出现在五个经济大国：美国、日本、德国、法国和英国，另外就是印度、中国和非洲的一些国家。

这项调查并指出：84%的全球人口只有全球那16%的富裕人口的收入，全球最富裕的10%的人口收入是最穷的10%的人口收入的114倍，而这些差距可能还会扩大。

贫富不均是国家的隐忧，尤其是城乡的贫富悬殊，一直是多数国家普遍存在的现象。例如根据"中国社科院经济研究所"经过数年调查完成的《中国城乡收入差距调查》显示，中国的城乡收入差距已是"世界最高"。中国除了上海、北京、南京等几个大城市外，一般的乡村都经济落后，尤其是西部地区受先天的自然环境限制，加上人才外流严重，更难有所发展。

英业达集团前副董事温世仁先生曾说，每次他到西部城市，都会听到当地人民抱怨说，西部的人才都跑到沿海地区去了。而到农村一看，农村好不容易培养的少数人才大多也离开了农村。在整个社会由农业转型到工业时代的过程中，西部农村一开始就没有来得及搭上"工业化的列车"，尤其现在举世已经进入信息网络化时代，更令农民们望尘莫及。农民没有机会、能力获得各种信息，与城市相比，在知识、信息和机会上的不对称，都是造成他们继续贫困的原因。

对此，温先生想出了走信息技术培训的道路，着手培育当地的"知识工人"，发展网络经济，让"农业社会"转型为"网络社会"。于是他投资五千万美元在中国西部开展"千乡万才"计划。首先他以甘肃河西走廊最东端的山村黄羊川作为这个计划的第一个基地，赞助他们计算机，教他们如何利用计算机销售产品，因为因特网是与全世界联网的，只要一上网，即可打通销路，很快把产品卖完，慢慢就能改善经济，达到城乡均衡发展的目的。这项计划从2000年7月开始实施，三年来，黄羊川靠着电子商务已成功卖出三万美元的农产品，成效斐然。这在千百年来贫穷而静止的小山村，可谓是惊天动地的大事。

黄羊川地区因为网络而走出贫穷，成为知识经济下乡成功的实例。这项成果被温先生于2002年秋在墨西哥举办的APEC会议上公之于世，随即引来泰国政府表示，希望有二十所泰国学校加入"千乡万才"计划。

温先生一手发展的"千乡万才"计划，旨在把信息网络科技引入农业社会的乡镇，促进当地发展知识型的经济，达到"就地创造财富，就地改善生活，就地发展文化"的目的。他认为硬件设施的改善，并不能从本质上解决落后、偏僻地区所遇到的问题。唯有把最新的观念和信息带给他们，辅导他们掌握、适应信息社会的方法，才能让他们尽快缩短与发达地区的差距。另外，他觉得开发和建设落后地区的重点应该放在道路与网络两方面，因为道路可以把有形的资源送到落后的地区，而网络则可以把无形的信息快速传到落后地区，让村民的学习能力更加快速地得到提高。温先生的见解与做法，值得参考。

在佛教里，有所谓的"利和同均"，也就是僧团中如果有施主财施供养，不可私自独享，要交由常住集中处理，大众共有，通过经济上的均衡分配，大众才能过着"利和同均"的经济生活，所以在佛光山，个人不要有钱，点滴归公，让团体有钱，才能有所发展。

这种利益共享的观念，现在的企业界也普遍有此共识，不少企业主也懂得把利益分享给员工，例如依公司盈余发放年终奖金，甚至有些公司会让员工持股，员工自然以公司为家，发愤工作，努力经营，自能提高效率，创造利润，彼此共享。

"利和同均"的思想运用在社会上，让有钱的人帮助穷困的人，有力量的人扶助弱小的人，如此在没有经济的垄断、劳资的对立、贫富的悬殊等社会问题下，人人得其所应得，自然可以建立一个民有、民享，而且平均、富足的社会。

星云日记

常有人说，执台湾工商界牛耳的王永庆先生是最富有的人，但我却认为我们比王永庆更富有。因为王永庆拥有的是几家塑料厂及几千亿的财富，而我们学佛的人则拥有三千大千世界，世界都是我们的。更何况外在的财富是有限的，内心的宝藏才是珍贵的，从"无"上去体会，实际上得到的会更多。

"我"一辈子的成就

几十年来，我陆陆续续地看到，幼年的一些同道在生活艰难的压力下，纷纷另作打算，有些人则被金钱名利埋葬，失去了自己的方向。在惋惜之余，我不禁为自己感到庆幸，如果当年在困苦的环境下，自怜自艾，不能在内心挖掘宝藏，成为自己的动力，或者短视近利，只贪图眼前现实的利益，又怎能坚守佛教的生活和心中的抱负呢？直到现在，我一直认为，物质上的空无，正是生命历程中的试金石。

我毕生关于佛门的理想、发展、作为和想法，可以用四句话告诉大家：第一，光荣归于佛陀；第二，成就归于大众；第三，利益归于常住；第四，功德归于信徒。因为我一生的事情很多，说来话长，但很难得和各位见面，我就谈自己一直很执著，也是为佛教坚持的一些想法。

一、光荣归于佛陀

什么叫"光荣归于佛陀"？我们出家了，我们的中心就是佛陀，我们的目标就是佛陀，我们的生命就是佛陀。

有一次，南京向社会大众宣布，大报恩寺里发现佛顶盖骨，好多人要看。其实佛顶盖骨不是用看的，佛的骨头、人的骨头都是一样，所不同的是，佛顶盖骨应该是在我们的心里，不必去看，我们要在自己的心里去找寻。

几十年来，我曾七访印度，为什么？我要找寻佛陀。我曾到过蓝毗尼园，希望在那里能发现佛陀的一些事迹；又跑到苦行林、尼连禅河边上找寻佛陀修道的事迹；也在佛陀的菩提树下、金刚座旁多次徘徊，甚至发愿："就让我在这里死了吧，让我能和佛陀常在。"我在佛陀的说法台前、转法轮的塔前徘徊，也曾经跪在佛陀涅槃的拘尸罗城，流泪、哭泣着不忍离开。

我究竟有没有找到佛陀？七十多年的出家生活，佛陀没有跟我讲过话，甚至在梦中，我也不曾和佛陀交会。但是我心里感受到，佛陀就在我身边。我吃饭，他跟我一起吃饭；我走路，他跟我一起走路；我睡觉，他跟我一起睡觉。

在这个世间，我觉得我没有获得什么，我只要拥有佛陀就好。所以我常叫信徒跟着我说："我是佛。"因为佛陀不抽烟，不喝酒，不说谎，不会吵架、骂人、打人，只要我们承认自己是佛，就不会抽烟、喝酒、说谎、骂人、打人。

人人都有佛性，为什么不敢承认"我是佛"？我才感觉到，我们一直寻寻觅觅，原来佛陀就在我们心中，就是我们自己。所以假如自己有什么好，即便是些许的好事，也要把光荣归于佛陀；时刻都想做一点好事，供养佛陀；更要礼拜、赞美、观想，在身口意里，让佛陀跟我常在。

六十多年前，在弘扬佛法的路上，初出道的我，非佛语不讲、非佛事不做、非佛的文章不写，所以我这一生，自许"非佛不作"。甚至四十多年前创建佛光山，当局给佛教种种压力时，我也奋然不顾，要叫"佛光山"。为什么？我要打起招牌，一不做、二不休，我要与佛同在。所以我教信徒唱歌，成立"佛教歌咏队"；我办出版社，叫"佛教文化服务处"，后来改为"佛光出版社"，我一切都要冠上"佛"。甚至当时有一些年轻人跟随我，我鼓励男士们身上挂一个小别针，上面要有佛像。女孩子挂一条项链，要有佛陀的相片，我就是打起招牌让你认识。其实这些都不算什么，只是表示我的信仰，表示"我是佛教徒"。佛陀给我们荣耀，助我们成长，我们也是一心皈命，所谓皈依佛，皈投他、依靠他，就是与佛陀同在。

各位同学，我们要时时刻刻以佛陀为中心、为榜样、为模范，把自己能表现的，统统奉献给佛陀，所有好的都是佛陀的。一个出家人能把自己好的、优秀的供养给佛陀，与佛陀共有，那么就算不能成佛，也是一个好的佛教弟子。

佛教徒一定要强调自己的修行和信仰。过去的大德也是如此，不是要去拜佛，他不肯走一步；不是要去看经，他不点灯，佛法就是自己的生命。

在我这一生岁月里，时光迅速，对于"佛光普照，法水长流"，觉得还是不够，还在努力和佛陀相应。

二、成就归于大众

假如有些许的成就，都应该归于大众。我们没有个人，佛教是讲究僧团，僧团所有的作为都强调"众"，甚至连佛陀都说："我是众中的一个。"没有众，就没有我，这是佛法。我们一定要有团体，要有大众。

六十年前我到台湾时，孤单一人，无亲无戚，没有同学、朋友，人地生疏，语言不通，甚至连单衣都没有了。仰仗佛教的僧团护持我，寺院收留我，给我日后弘法利生的因缘。

曾经有一个团体到佛光山访问，跟我见面的时候，他们介绍这位董事长有三千名员工，那位董事长有两万名员工，那位董事长有十万、八万员工……后来他问我："你在佛光山有多少人？"

我说："我们的出家人不多，只有一千多人，但是我的老板很多，有三百万到五百万。"

他说："哦！怎么有这么多？"

我说："他们都是我的信徒。"

他就问："奇怪，你的信徒怎么会是你的老板？"

我说："一盏灯，都是他们的供养；一朵花，都是他们的成就；一砖一瓦，都是来自十方的信徒。因为有他们才有这许多，我只是他们的服务员。"

所以每次在佛光山开信徒大会，面对几千上万人时，我都说："各位老板，欢迎大家回来。让我们向你们报告，我们这一年做了什么。"我觉得把信徒看成老板、上司、领导，没有什么不当。再说，我能办大学、报纸、电台，在全世界建几百座寺庙，都是因为这许多老板的支持，才让我有这一切事业。

所以，假如建了一座寺庙，"这是大众成就的"；出了一份杂志、印了一本书，"这是大家帮忙的"。不管哪一件事情，少了大众，我能成功吗？因此，把成就跟大众分享，让我们的徒弟也好、信徒也好、住众也好，都成为我们的领导，成为我们的上司、老板。果能如此，我想佛法是很好弘扬的，一切事业都是很好办的。

有人问我："你怎么管理你的僧团？""管理"在现代很流行，学校管理、医院管理、工厂管理等，什么都讲究管理。其实管理事、管理钱都还容易，管理人很难。管理人也还容易，管理自己、管理心最难。我们要能把自己的心管理好。比方说，慈悲不可少，智慧、慧巧不可少，对人的尊重、恭敬不可少，耐力、发心不可少。把自己心中的宝藏发掘出来，上供十方诸佛，下供一切大众。一切成就，都是大家的。

近年来，我们在台湾兴建佛陀纪念馆，耗资庞大。我自己老了，力不从心，应该要传承，让年轻人来接棒。但是由谁来作业？谁来主持工程？我的要求是，谁有"无我"的观念，谁就可以建设佛陀纪念馆。什么叫"无我"的观念？这个佛陀纪念馆不是为你建的，你不能说"我要怎么样"，而是"大众要怎么样"，不可以把自己掺杂到里面，要重视大众。

要重视"众"、大众。所谓众缘和合、众擎易举，有"众"，才能成功。

三、利益归于常住

有一些人对我很好奇，因为我看起来没有什么特殊的本领，却能拥有今天的成就。向各位坦白，虽然我常到外国，但我不会说英语，也不会说日语，甚至在台湾六十几年，也不会说台湾话；念经也不好，五音不全；什么神奇、灵异，统统都没有。我所有的，只是自己心里的一些能量，我不过是发挥能量而已。我不是要向各位宣传我自己，我只是向各位告白，在成功的背后，需要自己的奉献、牺牲，要服务。你不要想拥有，你要想去布施。过去陈履安先生跟随过我一段时期，他很聪明，他跟我说："大师，我看得出你的一切成功，在一个'给'字。"我那时候都没有注意到。我会说"给人信心、给人希望、给人欢喜、给人服务（给人方便）"，因为"给"很好，给就是舍，有舍才能得。其实我也没有东西给人，只有给人佛法、信心、欢喜、希望、服务。我有一颗"给"的心，即使没有钱，我可以给你说两句好话；我没有力量帮助你，但我可以给你表示一种尊重。看起来很简单，实际上，"给"能放光，能发挥威力，因此要"给"。

我们佛教界，过去都叫信徒"你要布施，你要喜舍，你要服务、要慈悲、要帮助人"，这都是不对的。佛法是叫我们自己"我要去布施，我要给人，我要奉献"。

我再向各位告白，我的一生，除了年少时，最近几十年来，我没有多余的钱，没有跑过百货公司，没有买过东西，我什么都不要，有什么都给人。我没有银行存款，佛光山在全世界有几百座寺庙，也没有一片土地在我名下；不管走到哪里，我只有一根拐棍，拿着就走了，甚至有没有换洗的衣服我都不重视；我一生没有用过锁匙，房门也不锁，也没有抽屉，也不开橱子，我不要许多形相上的东西，但我真的没有吗？宇宙虚空、三千大千世界都是我的。

"以无为有""以不要为有"，就是我的人生观。有，有限、有穷、有尽；无，无限、无穷、无尽。

不过，财富也不一定是金钱，思想、智慧、慈悲、耐力、精神、欢喜，都是财富。甚至不要说我，应该说我们出家人，只要自己提得起、放得下，我们心包太虚，全法界都是我们的。

出家了，我们还需要世间什么东西？家庭有家庭的经济，不需要我们负责，我们又不结婚，既然出家，除了佛教给我们弘法利生的使命，我们还要有什么其他的想法？世俗也有所谓的"点滴归公"，所以，我们一切都是常住三宝的，都是公家的，我自己什么都不要。

"不要"不代表"没有"，我有一次到大陆来，坐下午的飞机，中午出席一场告别式。我是不做经忏的，但他是我的信徒，我要为他服务。他在我车上放了一个袋子，里面有五百万新台币。念经才十分钟，怎么要五百万那么多？我叫随从的人把它拿回去，说不可以收。但是他态度很坚决，还说："不可以给佛光山，给你自己用。"我说不必，我很富有，为什么？因为我不用。用，反而会贫穷。后来我把钱拿去做公益基金。利益是常住的，不是我们的。这个观念很重要。

台湾的寺庙常有纠纷，比方师兄弟争一座寺庙，出家众和在家众也争管理权。我有几百座寺庙，我都不管，也没有纠纷。甚至于你们哪一个要寺庙，我都可以给你。我的徒众也是一样，你们哪一个要做住持，给你做。为什么？有寺庙没有用，寺庙里又没有钱，但要有佛法；有钱，就拿去办大学、报纸、电台，去布施、救济。所以没有人要寺庙，也没有纷争。有，有纷争；无，没有纷争。我们出家人的财富，就是"无"。

四、功德归于信徒

当我们有了佛法的成就、荣誉、赞美时，要知道，这些都不是我的，要归于信徒。当然现在的信徒慢慢地受教育了，他们也不计较虚名，要功德或者是争什么利益，所以"无名氏"很多。但是，对于佛祖，我们以心香一瓣供养；对于信徒，我们的成就、荣誉、赞美，都是因为信徒们的播种、耕耘，才会成长、开花结果，所以这份功德，当然要归于信徒。

我们是僧宝，我们是为人服务的，我们要学习布施、学习给人。常言"慈悲为本，方便为门"，但是慈悲不光是在嘴巴上说说而已，甚至我自己慢慢体会到，这个世界我可以什么都不要，但我不能放弃慈悲。我只要心中拥有一点慈悲，我就要给信徒，我就要"给"。

所以你们如果问我一生有什么奇特，都没有，就只有刚才简单的四句话：我的光荣给佛陀，我的成就给大众，我的利益给常住，我的功德给信徒，所以潇洒、解脱自在。人生不必追求往生，也不必追求将来要涅槃，把握每一个当下，活得自在，时时刻刻都欢喜快乐。

星云日记

　　每个人在白天繁忙应对时，很多事情都可以无动于衷，但是到了晚上，就很容易在脑海里反刍，故行一件好事心中泰然，行一件歹事衾影抱愧，此也是"心牢"之分际也。

　　好利，非所以求富也。

　　好誉，非所以求名也。

　　好逸，非所以求安也。

　　好高，非所以求贵也。

　　好色，非所以求子也。

　　好仙，非所以求寿也。

　　今人所求，皆反之所好，无惑乎百无一成。

可贵的无形

第二辑

现在是地球村的时代，国与国之间关系密切，甚至全体人类都是「同体共生」的生命共同体，世界上富人太多，穷人不会放过你；穷人太多，富人的日子也不见得好过。所以贫富要均衡，国家政治要为贫苦大众争取福利，让大家都能富足安乐地生存在地球上，而不只是富人发财就好。

民生的命脉

人类的历史，就是一部经济史，举凡日常的衣食住行娱乐，没有一项可以离开经济。经济与民生息息相关。一个国家如果不能厚实经济、富国裕民，则仁义道德也难以获得推行。所以，经济可以改变世界，经济也可以改变人生。经济繁荣的地方，其文化、道德必然提升；若无知贫穷，就会衍生许多的罪恶。所以现代的佛教，应协助政府改良社会风气、净化世道人心，以教化来辅助经济的发展。经济不只是金钱而已，如果扩大财富的内容，诸如我们的智慧、健康、道德、思想、观念、礼貌，甚至我们的平安、技能、明理、善缘、信仰、满足、惭愧、勤劳、节俭、计划、开源、节流、教育等，件件都是有形与无形的经济。遗憾的是，人类只把钱财、物质规范到经济的内容，没有把道德仁义也看成经济的价值。

经济是一门"经世济民"的学问。人类的生活运作总括说来，就是一部经济史。举凡日常的衣、食、住、行、育、乐，没有一项可以离开经济。经济与民生息息相关，一个国家如果不能厚实经济，富国裕民，则慈悲道德也难以获得重视。因此，春秋时期的管仲曾说："仓廪实，知荣辱。"孔子也说："富而好礼。"佛教则以实际行动来推行各项社会福利事业，例如北魏的僧祇粟与僧祇户帮助政府解决了人民的饥馑。南北朝的寺库、唐代三阶教的无尽藏院，以及历代所从事的油坊、当铺、旅店、碾硙业等，都是繁荣经济、便民利国的福利事业。

经济是民生命脉之所系，过去原始佛教的行者虽然不重视经济而轻财富，重清修，追求朴素淡泊的生活，倡导清贫思想，认为简朴才是修行，淡泊才是有道。然而从大乘佛教的经典来看，例如《阿弥陀经》的极乐世界，黄金铺地，宫殿楼阁皆为七宝所成，极尽庄严堂皇，菩萨莫不宝冠顶戴，璎珞披身，富贵无比。因此，修学佛法不一定要以穷苦为清高。佛教鼓励在家信众可以荣华富贵，可以营生聚财，但要积聚有道，要合乎八正道的正业与正命，如《杂阿含经》说："营生之业者，田种行商贾，牧牛羊兴息，邸舍以求利。"只要能将本求利，勤劳赚取，无论是农牧收成，或是经商贸易、企业经营、投资生息所得等，都是佛教认可的经济营生。

反之，非法所得的财富，例如窃取他物、违法贪污、抵赖债物、吞没寄存、欺罔共财、因便侵占、借势苟得、经营非法、诈骗投机、赌博淫业、放高利贷等，则为佛教所不许。

佛教对钱财的看法是"非善非恶"，佛教并不完全否定钱财，但它是毒蛇，黄金也是弘法修道的资粮。根据经典记载，佛教的信众中不乏大富长者，如须达长者布施精舍、毗舍佉四事供养等，都受到佛陀的赞美。因此，佛教不能过分倡导贫苦思想，因为朴素淡泊用来自我要求是道德，用来要求别人则为苛刻。

财富有清净的，有污染的；有外在的，有内在的；有一时的，有永久的；有现世的，有来生的；有个人的，有共有的。大乘佛教主张个人可以清茶淡饭，所谓"三衣一钵""衣单二斤半""头陀十八物"，但是寺院团体不能不要财富。自古寺院建筑，朱檐碧瓦，雕梁画栋，富丽庄严；亭台楼阁、廊院相接，重重叠叠，幽远深邃，因此有谓"佛门净土"，佛门其实就是一个清净庄严的世界，一个安乐富有的世界。

佛教不但重视一时的财富，更重视永久的财富；不但重视现世的财富，更重视来生的财富。佛教认为钱财是五家所共有，用了才是自己的，所谓"万般带不去，唯有业随身"，因此有了财富，还要懂得规划。《阿含经》中有四句偈云："一施悲和敬，二储不时需，三分营生业，四分生活用。"布施如播种，要有拔济奉献的精神。布施财富则要不自苦、不自恼、不勉强、不比较、不计较，要能做到随喜、随缘、随分布施，如此才不失布施的真义。

此外，佛教对于经济的观点，首先以"因缘果报"来说明，财富的获得应从培福修德、广结善缘而来。至于佛教的经济来源，在过去印度佛陀时代提倡供养制度，传到中国，历代禅门提倡农林生产，到了近代太虚大师又再提倡工禅合一，现在则有基金制度；未来，以原始佛教的供养制度，结合农禅、工禅生产而发展出适合现代的经济制度，例如果菜园林、房租田佃、生产事业、佛书出版、书画流通、佛像法物、法会油香、经忏佛事、餐饮素食、推广社教、弘法赞助、参观门票、慈善服务、安单静养、互助标会、护法委员等，则为时代发展的必然趋势。

金钱是学道的资粮，也是一切佛化事业的基础。佛学院、禅堂、念佛堂、学校、医院、电台、杂志社等，都需要金钱才能推动。所以，金钱并不完全是毒蛇，佛经所谓的"净财""善财""圣财"，只要能善用金钱来弘法利生，其功德比装穷学道更大，更有意义，更有智慧。因此，学道并不一定要贫穷才是有道心。若是心里的贪欲不除，外表装出苦行的样子，也不足取法。把金钱用在造福大众的事业上，用在修学的慧命上，则钱财不是毒蛇，而是净财。是以佛教应该重新估定经济的价值，只要是合于正业、正命的净财，应是多多益善；只要能对国家民生、对社会大众、对经济利益、对幸福快乐地生活有所增益的事业，诸如农场、工厂、公司、银行等，佛教徒都应该去做。因为有钱并不可耻，贫穷才会招来罪恶。

佛教不但重视狭义的金钱财富，尤其重视广义之财，例如佛法、信仰、慈悲、智慧、健康、欢喜、人缘、自在、惭愧、发心、道德、人格等。这些无形的财富比有形的财富更好。佛教不但重视私有财富，尤其重视共有的财富，例如道路、公园、河川等公共设施，以及花草树木、日月星辰、天地万物的生态维护，并且主张以享有代替拥有、以智慧代替金钱、以满足代替贪欲、以思想代替物质，发挥普世的观念，建设共有的胸怀。

星云日记

金钱没有善恶，善恶在于用钱的方法。对社会关怀可发挥慈悲爱心，不一定要用金钱表示。有钱也要会用，不会用钱反而害人。

"拼"经济

一般的商业化经营，是以营利、赚钱为目的，但是佛教讲究的是奉献、服务、布施、喜舍。佛教认为人生的目的不在赚取个人有限的金钱财富，甚至财富也不只是有形的金银珠宝，应该扩大至善财、圣财、智慧财等。

现在举世正在吹起一股"经济热"，每个国家都在积极发展经济。经济繁荣是国家富强安定的重要因素，当然全体人民都十分关心经济的成长。现在的军事大国没有人尊敬，飞弹大国也没有可佩服之处，反而经济大国、人才大国、环保大国、民主大国受人尊重。

经济，经济，如何拼经济呢？

一、走出去拼经济：现在是全球化的时代，拼经济要"走出去"，不能有锁国的思想。只在自己的国家里产销，成品不能外流，货源不能充足，这样的经济没有人欣赏。所以因应时代趋势，希望学有专长的经济专家都能如外交人员一样，在每个国家设有代表处，和当地国家的高层不断交流、接触，一方面观摩、学习他人之长，同时对自己国家的经济要能了如指掌，深有研究，才能与人对话，交换意见，沟通往来。

二、忙生产拼经济：拼经济则先要增加生产，产品要丰富，技术要精良。台湾省的加工出口区，曾经不是一度带来经济的繁荣吗？台湾省的计算机业，也曾在世界领先群伦。过去政府对这些搞生产的企业家也都有所照顾，而今很多企业家产业外移，这是值得重视的异常现象。

三、讲清廉拼经济：拼经济须从政府人员清廉正直做起。一个官员贪污成风的国家，怎么能跟人拼经济呢？台湾省的企业家移民到美国，最感怀念的就是台湾的官员贪污，因为贪污让他们好做事。到了美国，因为他们讲法纪不贪污，反令大家不习惯。一个贪污成为风气的地区，必定腐败、沉沦，不会有上升的经济。

四、多交流拼经济：世界厂商从台湾省出走的为数不少。例如杜邦，一年有几千亿营业额的大公司，我们留不住，眼看一一流失，减少了人民的就业机会。

五、重服务拼经济：国家的公务人员，本来应该是为人民服务的公仆，但有些官员却尽量给民间及农工商界添麻烦。一条道路可以一修几年，一条水沟也可以几年不通，一个送水工程也要申请数年，让有心拼经济、搞发展的人，能不灰心吗？

六、大开放拼经济：我们拼经济，不但要走出去，自己的国家也要大开放。比如说，我们的台湾省过去发展观光事业，虽然台湾的观光算不上一流，但它的人情味赢得了不少国际观光客的赞美。只是好景不再，现在台湾的媒体对于观光客都很不留情地给予批评。比方说，日本的男人到台湾，好像一个个都是为了买春而来，台湾的女性到日本旅游，一个个也好像都是为了卖春而去。凡此，对于"走出去"及"欢迎进来"都造成了不良的影响。

总之，政府要拼经济，除了上述以外，还要守法制、均贫富，尤其要帮忙小企业发展。过去政府有青年创业贷款，提供给小型企业作为资本；小企业有了奋斗发展的基础，再有大企业的拉拔，如此国家的经济还怕不能振兴吗？

星云日记

"学习经济能学到什么？"

"供需！"

经济凭什么复苏

社会上富有的穷人很多，因为不知足，不懂得回馈国家大众，虽有财富，也只是贫者。我们希望社会上多一些经济上虽贫乏，但人格高尚的富豪，让人不只是贪求，全民大众不要只是向

"钱"看，人人都应该具有道德、和谐、责任、包容，彼此互相尊重。无论大集团、小企业，不投机取巧，不贪赃枉法，不要借势苟得，不要非法经营，大家都做一个诚信的国民，如此，才是国家真正的经济复苏。

人在世间生活，少不了衣食住行等资生物用，此中没有一项可以离开经济。所谓"一文钱逼死英雄汉"，可见金钱对人的重要性。甚至人类从蛮荒时代就懂得以物易物，后来走出蛮荒，经过畜牧、农业、工业，乃至到了现在的信息、科技时代，无一不与经济有关。

经济强盛，必定带动国力；经济萧条，人民出国都会遭人白眼。一个国家的经济繁荣，乃至政治清明、外交顺利、军事强盛、教育提升，都会带来国家的强盛壮大，所以每一个国家不只是个人生存要向"钱"看，国家的发展也莫不向"钱"看齐。因而国际上有所谓"经济高峰会议""世界联合贸易组织""国际关贸协议"等，无非都是希望共谋经济发展、稳定国计民生，让举世人类都能安定生活。

佛教也非常重视经济，主张发展净财、善财，甚至推广开来还有智慧财。佛教对财富的看法，非常重视均富、共有、施他、利济。佛陀当初实施僧侣托钵乞食制度，主要是因为他对财富的观念，主张"裕财于信众"，让僧侣借托钵时，信徒布施饮食，僧侣施与教化，所谓"财法二施，等无差别"。

佛教重视有形的财富，也重视无形的财富；重视外在的财富，也重视内在的财富；重视现在的财富，也重视未来的财富。佛教把财富从前世到今生、来世，看成是一体连贯的。所以财富不能只看一时，要看各种因缘关系，人在开发自己的财富之余，更要创造全民的财富。唯有本着"同体共生"的观念，共创一个均富的社会，国家才能长治久安，人民才能安定生活。甚至在经济全球化的今日，国与国之间更要本着互惠的精神，彼此互助合作，唯有互助才能共谋人类的福祉，共创世界的和平。

经济是一门"经世济民"的学问，它与民生息息相关。一个国家如果不能厚实经济，富国裕民，则慈悲道德也难以获得重视，因此，春秋时期的管仲说："仓廪实，知荣辱。"唯有经济繁荣，才能建设富而好礼的社会。

经济是民生的命脉之所系，一个国家要厚植国力，就要发展经济，经济充裕，国防自然有力量，教育自然会提升，社会生产力自然增加，人民生活自然好过。

一个国家的盛衰，民族的兴亡，往往有所谓的经济问题、社会问题、教育问题、政治问题……但是总归一句，就是"人"的问题，如孟子说："上下交征利，而国危矣！"人心不善，自私自利，世界就永无宁日。所以目前大家急需努力的是，国家的政治要清明、制度要健全，在位的官员要勤政爱民，清廉而不贪污；社会的士农工商要讲信修睦，童叟无欺，人民要勤劳节俭，养成爱书读书的习惯，并且做好事、说好话、存好心，全民都是"三好"的实践者，共同建立一个通财好义、富而好礼的社会，让国民过上"真善美"的生活，如此社会一片祥和、安乐，每个人内心一片宁静、自在，这才是国家发展经济所需的雄厚而有力的资源。

也就是说，国家的富强，"国"与"民"是分不开的，国不强，民不乐。是故未来朝野之间要有共识，不仅经济要富有，尤其人民要安乐，思想要自由，文化要保存，教育要提升，环保要做好，政治要民主，人权要重视，对国家的建设计划要用心，各项预算要合理，要多多参考专家的意见，多方倾听民意，一切以民意为依归。相对地，社会大众则要从建设性上努力，而非破坏性地伤害，如教育界要教好学生，传播界要作正面报道，工商界要改良质量，增加生产，大众对社会上有成就的人才要保护珍惜，因其成就是属于全民的，不要轻易摧毁。

谈到人才，一个国家的经济资源，除了石油、矿产、海洋、林木等自然资源之外，人才最重要，有人才才能发展科技、工业、管理、生产，才能与时俱进，甚至更能超越当代。

人才是国家发展的重要资源，先进国家莫不大力发展教育，以教育培养人才，但更重要的是要能留住人才，让人才能为国家所用，所以政府必须提高利民的建设，发展各种工程，提供人才发展的环境与条件。

在佛经中提到，一个良好的政府，治国之道首须导民以正，不但要注重民生经济，以种种方法提倡生产，使人民丰衣足食，生活不虞匮乏，除此还应注意下列六点：

一、尊重法治：政府应该立法、具法、依法、敬法，一切以法为首，并且努力守护正法不坏。

二、优礼贤仕：政府应该尊敬德慧兼备的学者、专家、沙门等，并且常向他们咨询国家大事，宜行则行，宜舍则舍。

三、照顾弱势团体：政府应该矜恤孤寡，照顾贫困无依的众生。

四、敦厚民风：政府应该以十善来治理国家，让社会道德趋于纯善。

五、提倡融和交流：政府应该放宽心胸，悲智双运，接应四方。

六、施行民主政治：政府应以议会制度，推行民主法治来决定全民的利益。

另一方面，人民依附国家而生存，所以要与国家和合在一起，有力量者帮助生产，有技能者提升科技建设，有智慧者建言国是，有财力者善尽义务，每个人在自己的岗位上尽忠职守，以报答国家覆护之恩。如此上下一心，同心同力，才能创造富强安乐的国家。

不过话又说回来，现在举世都在关心经济复苏的问题，然而社会的经济繁荣、工业进步，有时并不一定能带给人们精神上的快乐，现在社会上有太多富有的穷人，因为生活上没有满足感，心灵上没有资源宝藏，所以大家其实应该重新评估经济的价值，经济并非只有金钱财物，举凡健康、平安、和谐、智慧、慈悲、信仰，都是财富，因此希望全民不要只重视金钱世界，要注重精神愉快、心灵富有，要追求内心的安乐和幸福感，同时以勤奋、信义、道德、慈悲来提升个人的财富，继而本着"同体共生"的观念，发挥普世的价值，建设共有的胸怀，创造一个祥和、均富的社会，这才是我们应该努力的。

总之，世间一切都有变量。我们要的是和谐、安定，就要保有经济发展的成果，不可破坏各方面的成长，全民应该继续勤奋努力，重视社会秩序，净化大众贪心，尤其对环境保护应投下巨资，在种族和谐方面要以爱心消除怨恨，唯有在和平尊敬中，才能为我们的后代子孙建设一块人间净土，这也才是全民真正共有的财富。

星云日记

　　人是一种经济动物，拥有安心、快乐的精神生活后，还要追求超越自在的宗教生活。

财富战争

　　人心、命运、金钱，这三者其实是互为因果关系的，心好命就好，命好钱就多。真正的财富在身体的健康、内心的满足、前途的美好、生活的幸福、眷属的和谐、正确的信仰、包容的心胸、灵巧的智慧及发掘自我本性的能源。只要心灵能够净化，这些内财自然具备。

一个家庭里，儿女不受教育，品行不良，行为偏差，父母无法管教，有时就用经济制裁，以减少或不给零用钱来惩罚他。国家领导人对慈善团体的补助、公益事业的奖励，大学建校的补贴，也要求循规蹈矩，合乎法律，如果不合作，无法用武力对付，也会用经济制裁。另外，国家与国家之间，有时发生利益冲突，有时因为某一国违反国际公约，也用经济封锁和经济制裁。

所谓经济制裁，例如抵制货品、限制进口、提高关税、禁止通航等都是经济制裁的手段。经济是国家的命脉，个人无钱，英雄也无用武之地，即使有再大、再多的理想，也不能有所成就；国家如果遇到他国的经济制裁，内政就会发生危机，人民就会受苦。经济制裁如同勒住对方的咽喉，让你不能吃饭；也如扣紧对方的口袋，不让货币进出。所以经济制裁是以强欺弱、大国压制小国的手段。受到经济制裁的一方也很难违抗，除非自己有实力，可以自力更生。力量不足，也不得不屈服。

尤其是，现在经济全球化的发展已是时代的潮流，也是必然的趋势，全世界的经济早已走向全球化，例如纽约的道琼斯股市、华尔街股市股票的涨跌能影响加拿大，乃至全世界的股市，也为全世界所瞩目。经济发展全球化时代已不是哪一个国家对哪一个国家用经济制裁就可以解决问题的，所以应该用互惠平等来共谋人类的福祉。

因此，国与国之间通过"金钱外交"来巩固邦谊，当然可以，这是对经济落后国家给予救济，也是人道精神的表现，但是不能另有企图或目的。至于两国交恶时就用经济封锁、经济制裁，这就如小孩子，感情不好时就把以前给对方的东西要回来，这是幼稚、肤浅的表现。现在的政治人物要有政治家的风范，不要有侵略性，要发挥和平、尊重、友爱、互助的精神，因为这个世界不是你贫我富、你无我有就好，古今很多的革命都是为了贫富不均，都是为了饭食问题。这个问题能够得到解决，世界才能和平，否则战争不断，绝非人类之福。

星云日记

世间的宝藏财富不在银行，不在荷包里，而是在我们自己的心田里，只要我们开发自己的心田，就是"发心"。

❧ 谈钱不俗

无论是企业主和员工，还是我们与人交往做朋友，彼此之间要能互相感动。我们做人好不好，计算一下就知道，如一天当中，我做了几件让人感动的事情，说了几句让人感动的话语，把它记录下来。同样，对于别人所做的事，所说的话，我有多少感动。记得越多，表示越成功。

摘引自《管事与管人》

"企业"是社会现代化的名词，特别强调企业内部的管理。为了更成功地经营企业，近年来衍生出"企业管理学"的显学。若就一般人所认识的企业，通常是指经营营利事业的组织体，但是从企业家的定义来了解，是指"于企业体内，订制一定的计划，以实践其创立该企业的理念和目的，并加以监督经营者"。可见企业的精神首重在理念的实践，通过成功地经营，以分享利润和喜悦。

企业的种类有工业、商业、文化事业、慈善事业，有国家经营的国有企业、私人经营的私企业，有个人企业、公司企业等，不一而足。我认为企业的意义是要有目标、有计划、有组织、有办法、有系统，是心智的活动，是理念的管理。企业不一定是指工商财务，它应该是有计划的组织体。如国家、社团、宗教、文化、慈善、教育等，用现代的意义来说，都可以说是企业体。

佛教是相当重视企业理念的，例如佛陀当初创建僧团就是本着有组织、有计划的企业精神而成立的；唐代马祖创丛林，百丈立清规，是具有企业思想的；近代太虚大师整理僧伽制度，也是企业精神的展现；乃至佛光山倡导人间佛教，也是以有组织、有系统、有规划的企业精神来进行人间佛教事业的管理。因此，企业的定义不一定是指社会的工商企业。

我们是用企业的精神在管理佛教事业的。我们讲究组织、制度、理念、企划，结果有人把企业管理当成商业化，认为佛光山是商业化的团体，后来有一些社会人士也不断批评佛光山商业化，这是对佛光山很大的伤害。

其实，佛教徒为了光大佛法，远绍如来家业，常有一句话说："弘法为家务，利生为事业。"弘法，讲究权巧智慧、方便法门；利生，要考虑社会大众的需要。不论弘法或利生，都必须通过良好的组织与完整的规划，才能顺利地接引众生进入佛法的堂奥。

从另一个角度来看，出世的佛教虽然不以营利为弘法事业的目标，却不能因此否定佛教事业的成就和贡献，因为人间佛教是以出世的精神，做入世的事业，特别注重信徒现生的幸福安乐。纵然是不同的范畴，佛教与现代的社会企业，终究都离不开生活，离不开人、事、物的管理。两千多年历史的佛教，恰为企业界提供丰富的资源，而佛教有组织、有制度、有规划的教育，文化，慈善及修行事业，不仅续佛慧命，更促进社会的和谐进步，所以佛教的企业精神，实在不可以将之与一般的商业行为等同视之。

一般的商业化经营是以营利、赚钱为目的，但是佛教讲究的是奉献、服务、布施、喜舍。佛教认为人生的目的不在赚取个人有限的金钱财富，甚至财富不只是有形的金银财宝，应该扩大来看。

佛教认为财富的种类有狭义的财富、广义的财富，有形的财富、无形的财富，现世的财富、来生的财富，个人的财富、共有的财富，人为的财富、自然的财富，有价的财富、无价的财富，物质的财富、精神的财富，清净的财富、染污的财富，合法的财富、非法的财富，一时的财富、永久的财富。

狭义的财富是指金钱、房屋、土地、股票等；广义的财富包括健康、智慧、人缘、信用、口才等；有价的财富诸如声望、名誉、成就、历史等；无价的财富，例如人格、道德、真心、本性等。

佛教认为人生应该追求的财富，例如明理、正见、勤劳、结缘、布施、喜舍、感恩、知足、道德等，这些才是真正的财富。因为这些财富不但现世受用，来世还可以受用；不但一时受用，终生都能受用；不但一人受用，大众也可以受用。因此佛教认为我们不能只看一时的财富，要看永生的财富；不要只看一人的财富，要看共有的财富；不要只看聚敛的财富，要看活用的财富；也不要只看形象上的财富，要看内心无形的财富。一个人拥有智慧、慈悲、信仰、欢喜、满足等，这些都是无价的财富。

由于佛教对财富有另类的看法，因此在佛教看来，世间上没有穷人，贫富只是从比较而来。此外，佛教主张发展净财、善财、圣财，甚至推广开来还有智慧财。

过去佛门里有一些人，总认为贫穷才是有道行，谈钱就是粗俗。其实"巧妇难为无米之炊"，一个人除非不做事，要做事就离不开钱，金钱是学道资粮，是很现实的问题。因此佛教并不排斥钱财，它对钱财的看法是"非善非恶"，黄金是毒蛇，黄金也是弘法修道的资粮。根据经典记载，佛教的信众中不乏大富长者，如须达长者布施精舍、毗舍佉四事供养等，都受到佛陀的赞美。因此，佛教认为朴素淡泊用来自我要求是道德，用来要求别人则为苛刻。

再说，佛教徒本来就有在家与出家二众，一个在家修行的人如果没有钱财，如何孝养父母？如何安顿家庭的生活？何况修行办道、布施救济，都需要钱财作为助缘资粮。国家社会的各项发展，需要丰实的国库作为后盾，而佛教本身必须提供弘法利生、医疗慈善、教育文化等服务来净化社会，造福人群，如果没有净财，又怎能承办这些佛教事业呢？因此，佛教认为，如何将信众布施的善财、净财、圣财，好好用在佛化事业上，这才是值得关心的事。

星云日记

人生不是只用金钱来评估。金钱以外，必定另有其价值与功德，很多因缘虽然呈现在眼前是吃亏，可是吃亏的背后冥冥中总有因果功德，终究不会吃亏。

最究竟的财富

身为现代领导人、管理者，应该具备以下几个条件：

1.笑在脸上，赞在口上，怪在心里，气在肚里。

2.宽以待人，严于律己，归功大众，过自承担。

3.不计得失，不可畏缩，不能颓废，不会顽执。

4.顾全大局，倡导人和，上下交流，意见一致。

5.发心服务，遵守诺言，居安思危，知己知彼。

6.注意调和，照顾大众，善用机会，把握人生。

7.处事幽默，聆听报告，细心研究，双手合十。

对于人间企业家的财富观，我有一些想法提供给各位。

第一，有形的财富与无形的财富

财富可分成有形的财富与无形的财富，我们一般人都重视有形的财富，例如我有多少人民币，我有多少股票，我的有价证券有多少，我有多少土地、大楼、田产、房产，这些都是有形的财富。有形的财富增加相对也会提升我们的社会地位，让我们的生活更方便。

但是除了有形的财富以外，还有一些无形的财富，只是一般人很少注意到。所谓无形的财富，是在我们的心灵里，隐藏着无限的宝藏财富。例如欢喜，不论你有多少金银财宝，如果你活得不欢喜，生命也没有意义。又如健康，如果你有财富，身体不健康也无法享用，所以健康就是我们的财富。各位有家庭的人，家庭和谐就是财富；如果家庭不和谐，在家里没有快乐，生活也没有意义。比方满足，满足就是我们的财富，你有再多的钱，如果不满足，还是贫穷。所以在今天的社会，有钱的穷人很多，贫穷的富人也很多，贫穷的富人虽然没有钱，但是由于满足，所以活得欢喜自在。以古代孔老夫子来说，虽然他不是很有钱，不过他有学问、智慧，这些都是财富。因此，欢喜、健康、和谐、满足、智慧、慈悲、人缘等，都是无形的财富，也是广义上的财富。

中国社会自从改革开放以来，社会进步，经济成长，都市、大楼、高速公路到处可见，美国甚至都要向中国贷款，从种种有形的财富来说，可以说中国已经慢慢地让全世界刮目相看。但中国的宝藏不只是有形的财富，更重要的是无形的财富。中华文化的智慧，中华民族的道德，对我们这么大的国家，这么多的民族与人口，和谐、和平、和好十分重要，这就是无形的财富，同时也是企业家的责任，企业家的财富。因此，财富不只是金钱而已。

我们不一定只看到金钱，读书、道德、人格、机缘以及你对国家的贡献，这许多方面不是用金钱就能衡量的。意思是说，我们看待财富，无形的财富比有形的财富更重要。

第二，公有的财富与私有的财富

我们平时都注重私有的财富。其实，私有的财富价值有限，公有的财富价值很大。我们每天都少不了公有的财富，没有公有的财富，我们就不能生活。例如空气，空气是公有的财富，它不是属于哪一个人的，大家都可以呼吸空气，没有空气，人就活不下去了。又如阳光，像天气寒冷的时候，阳光出来多美好，阳光是我们大家公有的财富，没有人会不准许我晒太阳的。又好像现在国家的建设，比如说公园，大家可以散步；公路，大家可以行走；一百多年历史的交通大学，多少人在这个公共的学习场所中求知、求智慧，然后服务大众。

私人的财富，像现在有人发财了，会想到回馈社会，想到报恩，想到要做好事。

关于发财，什么样才算有钱呢？并不是说我们建了多少工厂，公司有多少员工就算有钱。其实过去古人说："大厦千间，夜眠不过八尺；良田万顷，日食不过几斛。"一个人能使用的有限。因此，要会用钱，钱才有用；不会用钱，有钱也没有用。钱财用在不当的地方也不好，好像我的拳头，拳头究竟是好还是不好？假如我打你一拳，你可以到公安局告我，我就为了这个拳头而吃上官司；假如我替你捶背，你觉得好舒服，甚至要求我再大力一点。同样是拳头，就看它用在什么地方。

金钱，用在不好的地方，就会造罪。如果把金钱用在好的地方，就造福人类了。财富不是不好，但是使用财富也应该有责任感。

第三，未来的财富与现在的财富

财富，有未来的财富，也有现在的财富。现在有的人努力、勤劳，有智慧、经营有方，于是发财了，财富不断地增加；有的人不想发财，财富会自己找上门；有的人想发财，却看着煮熟的鸭子飞了。其实，发财也是讲究缘分的，因此要结缘。人与人之间，有缘千里来相会；财富也是一样，你有财富的缘分，金钱会自己来找你。总之，你结缘就有方法，你有学问、说好话、做好事，缘分好，财富自然跟着缘分走。

社会上常说一句话："舍得，舍得。"有舍才有得，舍看起来是给人，实际上是给自己。在佛门里说，钱财要布施，我有良田，你要播种，把种子撒在田地里，它会成长，会有收成。你不播种，哪里有收成？你不舍，哪里会有得？所以，当今社会的企业，我觉得应该支持国家的建设，这是爱国的表现，加上国家的建设是万年经营，比我们个人的建设更长久，个人的建设是靠不住的。

佛教说功德，虽然我们看不到，不过它就好像银行存款，未来很有用的。人对于生命，不要觉得这辈子几十年结束以后，什么都没有了，太悲惨了，这个想法是错误的。人的生命，有无限的未来，好像花的种子，你把它播到土地里面，它有了水分、缘分，就会开花结果。所以，我们要懂得善用钱财，播下好的种子，未来的生命就会有善因好缘。

花草树木都有生命，我们人类也有生命，但是一般人很畏惧死亡。其实，人到死亡的时候不要悲伤，为什么？生了会死，死了会再生，生死是轮回的，是循环的。等于时钟，一点、两点……七点、八点……十一点、十二点，它又再回到一点、两点……生命就是圆形的。佛教认为生命不是直线的，不是从这里到那里然后结束。它认为生命是圆形的，走不完的。所谓"一江春水向东流"，流到哪里去？它会再回来的，所以我们的生命也会再回来的。

印度有一位老人，九十多岁了，有一位记者访问他："老先生，你现在最大的希望是什么？"老人回答："我希望赶快死，为什么？因为我老朽了。"

机器坏了，不灵活了，要赶快换一台机器；衣服坏了，换一件衣服；房子坏了，重建新的房子；身体坏了，换一个身体。时间有春夏秋冬，世界有成住坏空，物质有生住异灭，人生有生老病死。在时间的长河中，春夏秋冬，冬天过了，春天会再来；人生，生老病死，死了会再生。

生命，好比我身上的念珠，一粒念珠就是一个生命，通过生命线，把我一期一期的生命串联起来，在佛教称之为业力，"业"让我的生命不会散失，好与不好都在这里。所以我们要珍惜一生一世的生命，等于木柴烧火，这一根木柴烧完了，再烧一根木柴；这一根木柴又烧光了，再换一根木柴。每一根木柴都不一样，生命的火却永远延续。所以，我们一期一期的生命，会有贫富贵贱的不同，也会有天、人、地狱、饿鬼、畜生的不一样，但生命是不会间断的，人是不死的。

基督教说："信者得永生。"其实不止信者得永生，不信者也是永生，因为生命本来就不死。当然，对于不死的生命，你还是要好好爱惜它。财富与生命有关系，你的财富多，当你生病时，你可以看病，你要用的时候，随心随意。不过，想拥有好的财富，也要先有好的命运，所谓"心好命也好，富贵直到老"。

第四，拥有的财富与享有的财富

现在大家都拥有一些财富，不过拥有的财富必定是有限的。因此，在拥有财富以外，应该建立享有财富的观念，每一个人都可以享有宇宙的财富。

佛教认为财富是五家共有的：（一）贪官污吏，可以假借权势，骗取我们的财产；（二）水火无情，我们的财富可能毁于一旦；（三）土匪盗贼，会抢劫我们的财产；（四）战争年头，刀兵烽烟，使你反为财累；（五）不肖子孙，吃喝嫖赌，可以倾家荡产。可见财产不是个人能够拥有的，社会、大自然都有影响。因此有钱的时候要会用钱，有钱是福报，用钱要靠智慧。

一个富有的社会，不光是金钱富有，质量、道德、社会公益也要富有。所以有钱的人要讲究气质、道德，与大众分享，我们自己也要有这种观念，意思是我不一定要拥有、占有，能够享有就好。这不是不负责任，而是不要执著，不要贪婪，不要自私，财富应该是大家共有的。

释迦牟尼佛创立的僧团，依"六和敬"来维系人事的和谐，故又称为"六和僧团"。（一）见和同解：在思想上，建立共识，这是思想的统一。（二）戒和同遵：在法制上，人人平等，这是法制的平等。（三）利和同均：在经济上，均衡分配，这是经济的均衡。（四）意和同悦：在精神上，志同道合，这是心意的开展。（五）口和无诤：在言语上，和谐无诤，这是语言的亲切。（六）身和同住：在行为上，不侵犯人，这是相处的和乐。

和谐就是要尊重，好像我们的财富，你说你可以给别人多少钱，但是如果你不尊重别人，即使你给他钱，他也不会感谢你。反之，你对人尊重，即便是一句好话，他都铭感于心。所以今后人和人之间最好的财富，就是建立我们共有的财富，让国家社会人人富有。

经济是社会的责任，钱财应该像流水，雨露均沾。因此，我想企业家的责任就是分享大众、共有财产，未来的人生必定光明美好。

因为阳光无私，所以阳光普照大地；因为空气无私，所以不论什么地方，都有空气供应；因为流水无私，所以水都会流到有需要的地方。世间万物必定违背不了自然的法则，因此我们各位企业家应该向大自然学习。独乐乐不如众乐乐，个人有不如大家有，我想企业家应该要放大自己的胸怀，你的志愿有多大，你的财富就会增加，这是我的想法。

人与人相处都希望受到人家的尊重，但见利向前，见过退后，同功专善于己，同过诿罪于人，是一般人的处事态度。但身为主管者，则必须要有包容雅量，带动属下要爱语、体贴、信赖、教导……否则世上哪来伯乐？哪来的九方皋？

智慧之财

第三辑

人生世间，不能不工作赚钱。要工作赚钱，才能生活。有的人用劳力赚钱，有的人用时间计薪；有的人出卖身体谋取所需，有的人靠语言赚钱营生。不管从事什么样的工作，无论以何种方法赚取生活所需，重要的是要合乎正当性。

正当的财富，就是要将本求利，勤劳赚取，无论是农牧收成，还是经商贸易、企业经营、投资生息所得等，都是佛教所认可的经济营生。

"高级"赚钱术

从前，有两个饥饿的人得到了一位长者的恩赐：一根鱼竿和一篓鲜活硕大的鱼。其中，一个人要了一篓鱼，另一个人要了一根鱼竿，于是他们分道扬镳了。得到鱼的人就在原地用干柴搭起篝火煮起了鱼，他狼吞虎咽，还没有品出鲜鱼的肉香，转瞬间，连鱼带汤就被他吃了个精光，不久，便饿死在空空的鱼篓旁。

另一个人则提着鱼竿继续忍饥挨饿，一步步艰难地向海边走去，可当他已经看到不远处那片蔚蓝色的海洋时，他浑身的最后一点力气也使完了，他也只能眼巴巴地带着无尽的遗憾撒手人间。

又有两个饥饿的人，他们同样得到了长者恩赐的一根鱼竿和一篓鱼。只是他们并没有各奔东西，而是商定共同去找寻大海，他俩每次只煮一条鱼，他们经过遥远的跋涉，来到了海边，从此，两人开始了捕鱼为生的日子。几年后，他们盖起了房子，有了各自的家庭、子女，有了自己建造的渔船，过上了幸福安康的生活。

摘引自《哲理故事三百篇》

赚钱营生，这是每个人生存必要的途径，不能赚钱，怎么能生活呢？不过谈到赚钱，有的人使用劳力，只能赚小钱，有的人虽然本业外加兼差，也是所赚有限。现在社会上有很多高级的赚钱术，既不必费力气，也不必太伤神，每天只要坐在办公室里，就可以财源滚滚。

一、用签名赚钱：有的人，凭着他的专业，只要签个名，就能赚进大把的钞票。例如会计师、律师、医师等。当然，当初他们都是经过苦学才能成为会计师、律师、医师，所以他们的投资、辛苦，也不在话下。

二、用牌照赚钱：现在有很多行业都需要牌照才能挂牌营业，例如上述的医师、律师、会计师，乃至药剂师、建筑师、水电工、厨师等，有的人把牌照借给他人使用，也能赚钱。

三、用印章赚钱：现在有很多年轻人时兴到法院公证结婚，法院盖个章，就要缴公证费；有的人要向银行借钱，也要有保证人盖章。有钱的人，一个印章，就可以向银行借个百万、千万；没有钱的人，亲自上门也借不到钱，所以有的人用印章也能赚钱。

四、用电话赚钱：有的人坐在家中，只要通过电话联络，也能赚钱。例如，很多中介商就是利用电话接洽广告、买卖房屋等。或是利用电话贡献智能，帮人排难解纷，如日本的"相谈所"就是一例。

五、用网络赚钱：现在科技发达，很多人架设网站，利用网络来赚钱，例如申请电子邮箱要付费，上网查数据也要付钱，有的人甚至利用上网广告、拍卖物品，都能赚钱。

六、用介绍赚钱：现在很多佣工介绍所、婚姻介绍所等，专门为人中介劳工或婚姻。甚至过去为人中介土地、房屋买卖的捐客，都是靠为人介绍来赚钱。

七、用智慧赚钱：有的人专门为人出谋划策，凭着智慧也能赚钱，例如广告设计、活动策划等。甚至每个公司团体的决策部门都有一群智囊团，专门动脑筋想办法，规划公司的发展方向，这些人都是凭着智慧赚钱。

八、用结缘赚钱：有的人当交际花，就是靠结缘赚钱。有的人当义工，也能求得善名美誉；有的人布施行善，也会获得他人的回馈帮助。所谓培福，你播下了善缘的种子，日后自然会有收成。

其实赚钱的方法举不胜举，例如有的人用钱财赚钱，有的人用人情赚钱，有的人用关系赚钱。所谓"君子爱财，取之有道"，只要不偷、不抢、不骗，用正当的方法，甚至只要肯帮助别人，助人就是赚钱。世间上什么钱都可以赚，但是黑心钱不可以赚，诈骗的钱不可以赚，非分的钱不可以赚。总之，不应赚的钱不能赚，至于怎么样赚钱，那就要看每个人的用心了。

星云日记

　　财富与水有关，有水的地方必有文化，有文化的地方必有财富。

钱要让它自然来

　　美国纽约州有一家三流旅馆，生意一直不景气，老板无计可施，只等着关门了事。

　　后来，老板的一位朋友指着旅馆后面一块空旷的平地给他出了个主意。

　　次日，旅馆贴出了一张广告："亲爱的顾客，您好！本旅馆山后有一块空地专门用于旅客种植纪念树之用。如果您有兴趣，不妨种下10棵树，本店为您拍照留念，树上可留下木牌，刻上您的大名和种植日期。当您再度光临本店的时候，小树定已枝繁叶茂了。本店只收取树苗费200美元。"广告打出后，立即吸引了不少人前来，旅馆应接不暇。

　　没过多久，后山树木葱郁，旅客漫步林中，十分惬意。那些种植的人更是念念不忘自己亲手所植的小树，经常专程来看望。一批旅客栽下了一批小树，一批小树又带回一批回头客，旅馆自然也就顾客盈门了。

　　摘引自《365个小故事　365个大智慧》

　　不是"不要钱"，是"不要"而"有"。钱不是要来的，钱要给它自然来，以"无"为"有"。"无"，不是没有；"无"，是无中生有；在"无"里面，无限、无量、无穷、无尽，要在这个层面上了解。不该是你的，就会像煮熟的鸭子一样，飞了，要也要不到；该是你的，因缘会找上门，它就是你的。

　　所以我希望人民在经济方面，多培植善缘，多播种，只要种子播撒下去了，还怕没有收成吗？世间不会没有本就有利，没有播种就有收成的。就是基督教也会说，你要怎么样收成，就得怎么样栽种。佛教讲的就是因果，什么因就会有什么果。例如我们要富贵，富贵就要有富贵的因果。有人说："我吃素、我拜佛，怎么没有发财？"这是错误的观念，拜佛、吃素是道德上的因果，即使是发财，也要有发财的因果。比方说，你要将本求利、你要勤劳、你要用智慧投资、你要搞清楚市场经济，你才能发财啊。

星云日记

一首戒贪的打油诗，略改数字，记录如下，与人共勉：

奸邪巧计会贫穷，奸巧原来天不容；

富贵若从奸巧得，世间呆汉吸西风。

钱财有命古来闻，欲望关头一念分；

识破此中原有数，自然一笑等浮云。

不结良因与善缘，苦贪财利日忧煎；

岂知住世金银宝，借尔权看数十年。

日夜无休只认真，略差半点便纷争；

谁知一赴黄泉路，悔把恩仇抵死分。

占便宜处失便宜，吃得亏时天自知；

但把此心存正直，不愁一世被人欺。

可靠的经商之道

有一个人穷得一无所有，有个富人很同情他，送给他一头牛。并嘱咐他："今年冬天你用牛开荒，到明年秋天你就可以脱贫致富了。"穷人按富人说的赶牛下地，很快，他觉得日子比以前更难过了，因为牛要吃草，人要吃饭。晚上，他躺在床上想了一个办法：羊比牛繁殖得快，不如把牛卖了换成羊。

第二天，他如愿以偿，卖了牛，买了两只羊，他把一只羊宰来吃了，留下一只生小羊，可没等到生小羊，日子又很困难了。他把羊卖了，又买了一群鸡。他认为鸡生蛋要比羊产羔来得快。

生活依旧很艰难，当只剩下最后一只母鸡时，穷人绝望了。他想：还不如把鸡卖了打壶酒来喝，一醉解千愁！

春天到了，富人送来种子，看见穷人醉卧家中，家徒四壁。富人转身走了，穷人依旧贫穷。

摘引自《小故事 大启示》

六十年前的中国还是农业时代，社会上只有少数人从事商业买卖，不像现在工商业发达，商业贸易活动频繁，很多人都以经商为业。经商有经商之道，兹述如下：

一、童叟无欺是经商之道：过去中国的商人习惯在店铺里张贴"童叟无欺"的标语，表示对上门购物的顾客，不管老的、少的，都不会有欺骗的行为。所谓经商要有商德，商人的道德，就是讲究"童叟无欺"的诚信。观诸旧中国的社会，很多商家虽然店面很小，但都确实认真履行"童叟无欺"的信条，这在高度工业化的现代，应该将此优良的商业传统，一直传承、维护下去才好。

二、信用可靠是经商之道：商人要建立商誉，商誉就是信用。不论商店大小，一定要有信用，有了信用，各方顾客云集而来。尤其有信誉的商店，不用讨价还价，讨价还价是菜市场的行为；一个有招牌的商店，它的信用远近皆知，主顾之间，都能互相信任。因此，有时候顾客上门，手头不便时可以赊账，等到逢年过节才来结账，平时只要招呼一声，所需的物品包装完毕，就能方便带走。古老的中国社会，视信用为人的第二生命，哪像现在的退票、假货、仿冒等行为层出不穷，真是人心不古。

三、研发商机是经商之道：商品销售，也如战场一样，胜败都要看商机。高雄有一家运输木材的商团，运了一船木材要到日本出售。途中遇上台风警报，于是转往菲律宾。滞留数日后，再开往日本。在此期间，日本发生地震，木材陡涨数倍，让这一船滞留数日的木材一夕之间赚了数倍之多，可见商机的变幻莫测。现在的计算机、手机，一代一代地开发，竞相寻找商机。商机要靠自己仔细地观察、研究，尤其商机也像一场情报战，不能不谨慎从事。

四、重视人才是经商之道：人才是事业的根本，各行各业都需要人才。有人才则成，无人才则败，所以佛教讲"人能弘道，非道弘人"，尤其商场更是需要精明干练的人才。过去世界各国都"重武轻文"，注重国防建设，但现在大部分民选政府，都以经济为先。所谓"财经内阁"，因为他们知道，唯有把经济搞好，社会安定，让选民就业赚钱，大家口袋满满，他们才会投你一票。现在举世既然如此重视财经问题，经商的商业人才怎么会不重要呢？

五、善财能舍是经商之道：经商为了营利赚钱，本来无可厚非，但是赚了钱以后，要能懂得用钱。一个优秀的企业家，赚了钱财，都懂得将钱财分享给公司大众，所谓"红利分享"。甚至对于公司营利所得，除了正常的缴税以外，还能提出以多少百分比回馈给社会，例如捐给慈善机构，或是一些弱势团体。所谓"有钱是福报，用钱是智慧"，会赚钱，也要会用钱，这才是经商之道。

星云日记

钱，要让有智慧的人去用。一个人除物质的财富外，还要有精神上的财富。有个人财富外，还要有大众（共有）的财富，有一时的财富，还要有永恒的财富。除了七圣财外，还有感恩、禅定、智慧、慈悲、人缘等欢喜的财富。

善财七法

天地万物，一切现成，只看我们有没有巧思慧心，将宇宙万有化为自己的财富罢了。而心里贫穷的人，只知不劳而获，向外贪求现成，结果越贪越穷。几曾见过贪婪悭吝的人能发财的呢？能"舍"才能"得"啊！

世间的人都希望发财，所谓"向钱看"已成为社会风气。其实，钱财不一定指有形的黄金美钞，或是房屋地产、有价证券等，这些有形有价的钱财之外，另有一种不受人注意的善财更为宝贵。

一般有形的财富都是向外去求，无形的财富，如以下的七种善财，则在自己的心中，本为自己所有，就看自己如何去发掘。兹将"善财七法"略说如下：

一、惭愧：惭愧就是自觉对不起别人，自感愧疚。一个人如果觉得对不起父母，对不起兄弟姐妹，对不起妻子儿女，对不起社会大众，对不起朋友，有"对不起"的惭愧心，则所谓"惭耻之服，无上庄严"，人有惭愧知耻的美德，就会受人尊敬，这就是无形的财富。

二、感恩：有的人每天只希望别人给他，这就表示自己贫穷，如果心存感恩，只想给人，就表示自己富有。有兄弟二人在地狱受审，准备投胎。大哥希望拥有"接受"的人生，因此投生为一个乞丐，日常生活都由别人施舍；小弟心存感恩，只希望能"布施"给人，因此出生在富有之家，成为一个富翁。感恩的人生，无限美好，感恩才是富有。

三、喜舍：喜舍不一定要施钱财，你不吝于说别人的好话，不吝于给人笑容，不吝于伸手与人相握，不吝于为人服务，所谓"你丢我捡，是我有福；你要我给，是我富有"。一个喜舍的人生，就是快乐的人生；悭吝不舍，即使是天上的雨露，如果不肯普施万物，上天于我何益？

四、惜福：人生多少都有一些福德因缘，要好好爱惜，不能糟蹋。如同银行的存款，不要乱花，日用钱财，不能乱用。现在人都懂得存款、储蓄，不也是生财之道吗？

五、助成：助成别人，看似帮助别人，实际上也是自己增光。你建公园，我帮助你，我也可以散步；你建华厦，我帮助你，我也可以躲雨；你修桥铺路，我帮助你，我也可以行走。对于别人的好事，能随力赞助，对别人好，也对自己有益。现在很多大公司、大企业的董事长不将资产交给儿女，反交给工作伙伴，因为你助成我，我也会助成你。

六、智慧：有财富是福报，会用财富才是智慧。智慧是别人偷不去的财富，有智慧的人不看一时之财，不看个人之财，才会大公无私。例如，居里夫人最先发现了镭，但她舍弃申请专利的机会，把研究成果公之于世。再如佛教的须达长者，他以黄金铺地，购地建寺，利益众生，他们都是历史上有智慧的富人。

七、结缘：结缘看起来是给人，实际上是给自己。赞美别人的一句好话，可能收获的比一句好话多出千百万倍；不经意帮人做一件好事，所收的回报也许难以计数。眼看世上荣华富贵的人，并非完全靠天地父母对他特别照顾，还是要靠自己广结善缘而获得。

综上所述，求外面的财富千难万难，发掘自我的财富则是轻而易举。聪明的人儿，何不去发掘自己内在的宝藏呢？

星云日记

个人会烦恼会苦，皆因有"我"的关系，我要享乐、我要名位、我要财富、我要功禄，此都是苦因；多想想别人的需要，不要只想到自己，苦就会减少。我多则苦多，我少则苦少。

❦ 最佳投资

美国某城30英里外的山坡上有一块不毛之地，地皮的主人见地皮搁在那里没用，就把它以极低的价格出售。新主人灵机一动，跑到当地政府部门说：我有一块地皮，我愿意无偿捐献给政府，但我是一个教育救国论者，因此这块地皮只能建一所大学。政府如获至宝，当即就同意了。

于是，他把地皮的三分之二捐给了政府。不久，一所颇具规模的大学就矗立在了这块不毛之地上。聪明的地皮主人就在剩下的三分之一的土地上修建了学生公寓、餐厅、商场、酒吧、影剧院，等等，形成了大学门前的商业一条街。没多久，地皮的损失就从商业街的赢利中赚了回来。

摘引自 《365个小故事 365个大智慧》

现代的社会，开一间工厂需要集合朋友投资，甚至办一间学校，也要集众投资。现代的财团法人、股份有限公司，都是投资的团体。因为个人的力量有限，不得不集众力才能有所为。正如独木难撑大厦，集众人之力，人多好成事！

投资就是将本求利，投资是希望由小而大、由大而多，所以关系企业，总是给人许多的羡慕。但是，真正的投资，眼光要远，例如今年播种，明年才有收成。做了一件好事，要等多年以后才有回报。我们不但在金钱上投资、事业上投资，在人情、信仰上，更要投资。有时投资一句好话、一脸笑容、一个点头、一声问好，将来可能会有不可思议的结果。

国际佛光会推动的"三好运动"，就是一种投资。例如，关于身业的，做好事，当然会有好事的因果；关于口业的，说好话，当然会有说好话的因果；关于意业的，存好心，自然会有存好心的因果。所以，我们不但是在金钱物质上投资，身口意也可以用来投资。

佛教所谓的"广结善缘"，就是最好的投资。世间上的事业，有的人合伙投资不过数月，便拆伙倒闭了。因为他才播了种，即刻就想要有收成，这是缺乏投资的条件。也有的人一心想要赚取投资所得，因为过分贪求近利，结果往往反而亏损。有时候你不执著，无心无相地助人，却能有大收获，此即所谓"有心栽花花不开，无心插柳柳成荫"。

所以，急功好利不能投资，贪图自私不能投资，失去众意不能投资，不耐因缘不能投资。投资者，要护其因，护其缘，才能成其果也！投资如播种，如结缘，不播种、不结缘，哪里能有收获呢？

所谓投资，投者，要投其所好，要投时、投地、投缘；资者，是给予人的帮助。投资者，所投的一切如果都是对人有所帮助的事，则必然会有很好的结果，所以我们不妨自问：我所投资的，都是对人有所帮助的吗？

如果你能用慈悲去投资，用结缘、用奉献、用智慧、用劳力、用助人的因缘去投资，这就是最好的投资。所谓"种如是因，感如是果"，你投资最好的，自然也会获得最好的结果，这是必然如是的因果道理！

星云日记

世间根本就没有穷人，每一个人都可以自生很多财富，如脑生智慧的财富、心生欢喜的财富、身体可以生出健康的财富、双手可以生勤劳的财富。一个拥有万贯家产的人，若不欢喜，一样很贫穷，拥有智慧、常怀欢喜心才是我们真正的财富！有限的财富总有用完的时候，天天跟着我们的脑、身、手、心的财富是永远用不完的。

克难

印度有个住在海边的人，每天冒着生命危险，跳入波涛汹涌的海里，捞取非常名贵稀有的沉香。如此辛苦了一年，才堆积了一车子。

他高高兴兴地拿到市场去卖，但是价钱太贵了，没有人买得起。一个星期过去了，连问价的人都没有，因此他心里非常失望。

这时他看到旁边那个卖木炭的，生意兴隆，财源滚滚而入，一车卖完又一车，真让人羡慕。

他在心里想："我不如把这些沉香烧成木炭，还容易卖些。"

结果一车沉香的价钱，卖了还不到小半车木炭的价钱。

他的朋友知道了，就惋惜地说："把珍贵的沉香变成普通的木炭来卖，这是缺乏耐心，不能好好地等待机会，而且只顾眼前的小利，真是划不来呀！"

摘引自《365个小故事 365个大智慧》

佛经讲："法不孤起，仗境方生。"世间凡事都离不开因果关系。居家的经济发生困难，或是公司经营不善，周转不灵，这是结果，应该找出原因。为什么别人都有办法在社会上顺利发展，唯独我的财务发生困难？是我工作不够勤劳吗？是我没有储蓄应急吗？是我计划不周详吗？是我评估错误吗？还是我没有开源节流、不懂感恩惜福、缺少行善结缘呢？或者是我交友不慎吗？是我贪心过度吗……总之必有一个原因使我的经济发生困难，因此要找出贫穷的原因，如《三世因果经》说："有衣有食为何因？前世茶饭施贫人；无食无穿为何因？前世未施半分文。穿绸穿缎为何因？前世施衣济僧人；相貌端严为何因？前世采花供佛前。"能找出今生贫穷的原因，然后加以改进，为时不晚。

中国民间有一句谚言叫："一枝草一点露"，意思是说天无绝人之路，一个人只要肯勤劳奋斗，公司经营不善，倒闭了，只要你勤劳，摆个地摊，做个小本生意，甚至从事资源回收，也能维持基本的生存所需。即使经商失败了，只要改善自己营运的方法，重新再来，一个人还怕会完全没有办法吗？最怕的是自己的贪欲无限，跟人计较、比较，过去贫穷的果还没有解决，又增加新的障碍，例如失业的人如果贪求高薪，往往更加没有机会，自然难以东山再起。

曾经在网络上看过这么一则故事：有个老年人在公路旁开了一家小吃店，当时正逢经济不景气的年头。老人家眼力不十分好，耳朵又近乎全聋，但是他的运气很好。说他运气好，是因为眼力不行，所以不能看报读书；耳朵重听，也难得和朋友们聊天，因此对外界的情况，他都不甚了解。因为他并不晓得经济不景气有多严重，照常干得很起劲。他把小店的门面漆得漂漂亮亮，在路边竖起宣传的招牌，让人老远可以闻香下马，他店里预备的货色物美价廉，味道很好，甚至连一文莫名的人也不由自主地停下来在他那儿吃点东西。老人家工作十分勤奋，赚了钱把儿子送进大学去读书。儿子在学校中选了经济学的课程，他对于整个美国经济的情形之糟了如指掌。那年过圣诞节，儿子回家度假，看到店中业务仍然很兴旺，就对父亲说："爸爸，这地方有点儿不对劲，您不应该有这么好的生意呀，瞧您的兴致这样好，仿佛外面并没有经济不景气这回事一样。"于是他把经济萧条的前因后果费力地解说了一遍，并且说全美国的人都在拼命地节省、紧缩。这时，老人家受到消极思想的影响，他对自己说："既然如此，我今年最好也不再油漆门面了。外面闹恐慌，我还是省下一点钱来最好。三明治里的肉饼应该缩小一点儿。再说，既然人人都没有钱，我又何必在路上去做招牌呢?"于是他把各种积极性的努力都停下来。结果后来生意果然一落千丈。当他那位大学生的儿子在复活节假期又回到家时,父亲对他说:"孩子,我要谢谢你告诉我关于不景气的消息,那是千真万确的事,连我的小店也感受到了,儿啊,受大学教育实在太有用了。"

故事的最后,作者戏谑地说:"我们的国家也是被专家害惨的,所以说专家是'专门害人家'的。"

其实,这个故事给了我们一个很大的启示,健康的观念、坚定的信心,诚信地待人、勤劳地做事,这些都是成功立业不可少的重要条件。

不过,世间有的人靠劳力赚钱,有的人则靠智慧致富。曾经有一个牙膏制造工厂,因为产品滞销,公司营业受挫,负责人遍告员工,如果有人献出的妙计能使公司的营业额增加,就可获得十万元奖赏。有一个员工只提供了一句:"牙膏出口,放大一倍",当下就轻易地获得了十万元奖金,而公司的营业额也增加了何止百倍千倍。

佛教里也有一个卖偈语的长者,他只记取一首四句偈,即价值十两黄金。更有甚者,《金刚经》说,三千大千世界的七宝,其价值都比不过一句智慧的偈语。因为,财宝有用罄的时候,而智慧的偈语则是生生世世,受用无穷。

智慧是人类最大的财富,有时候惭愧也是财富,谦卑也是财富,知足也是财富。颜回居陋巷,一箪食,一瓢饮,人不堪其忧,而回也不改其乐。他有知足的财富;佛门的苦行僧,树下宴坐、洞中一宿,一样生活得非常惬意。

贫富只是比较性的说法，真正贫穷的人，内心安贫乐道，也不差于富者；富者天天妄想旺盛、贪欲旺盛，不知足，生活也不快乐。

有一对年轻夫妇，同在一所小学里教书，虽然待遇不高，但是每天夫唱妇随地上下班，倒也愉快。隔壁的大楼里住了一位董事长，每天为钱苦恼，怕被偷、被抢，所以生活得很不自在。有一天，他听到隔壁传来愉快的歌声，非常不高兴地说道："他们住得如此简陋，生活得如此清贫，还弹什么琴、唱什么歌？我住高楼大厦，有地位、有财富，为什么这么苦恼呢？"他的秘书忍不住开口道："报告董事长，如果您嫌苦恼的话，可以把烦恼送给隔壁的夫妇啊！""怎么把烦恼送给他们呢？""您可以送给他们一百万元，反正一百万对您来说也只是九牛一毛。"董事长勉为其难地决定试一试。这对甜蜜夫妻一夕之间得到一百万，欢喜得不得了，整个晚上都无法安眠，不知道要将一百万藏在哪里，放在枕头下、床底下、抽屉里、橱子里，到处都不安全。就这样折腾了一夜，直到第二天天亮，这对夫妻终于有了一个醒悟，决定把这一百万元还给董事长，并说："这是您的烦恼，还是还给您吧！"

高楼上的董事长，天天忧烦股票的涨跌，天天计算支票的数字，天天挂碍金钱的有无，哪像陋屋里的人有闲心以唱歌说笑快乐呢？所以经济没有绝对的贫富，再多的钱财，不知足就是富贵的穷人；一无所有的人，他能满足，就是穷人中的富者。

财富，要靠自己去开创，不管用金钱、人力、智慧、结缘、储蓄、置产、投资，或是将本求利做生意去赚钱，总之，人生要有未雨绸缪的忧患意识，晴时要准备雨伞，以应雨天所需，白天要备妥手电筒，以便夜晚所需。解决家庭的经济问题，要有预算意识，所谓"吃不穷，穿不穷，算盘不到一世穷"。

如果一时经济周转困难，你还是要本着勤劳的态度，对工作的热诚，例如莳花种菜，贩卖小吃，为人帮佣，有淡泊物欲、节衣缩食的美德，自助而后自然有人帮助，也会渡过难关。再者，能有克难精神，以及刻苦耐劳的毅力，则尽管人生路上风雨飘摇，任何苦难，都能安然度过。希望我们的社会，能让"克难"的精神再度复活！

星云日记

有一个富翁到一个小岛上，见到当地的农夫，就问："你们在这里做什么？"

农夫回答："在种田。"

富翁说："种田有什么意思，多辛苦啊！"

农夫反问："那你来这里做什么？"

富翁说："我来这里欣赏风景，与大自然同在啊！我平时忙于赚钱，就是为了过这样的生活。"

农夫说："几十年来，我们就是没有赚钱，也照样过着这样的日子啊！"

世间的事情都是有两面性的，关键看人们怎么想。永远往好处想的人，快乐满怀；往悲处看的人，痛苦不已！这个时代，需要的就是乐观，乐观比财富的力量要大。

钱品

从前，有一个农夫生活非常艰辛，尽管他从早到晚拼命地干活儿，可是日子还是很穷。一天早上，他向上帝祷告说："伟大的主啊，这些年我一直敬重您，也没做过坏事，请您赐给我一些财宝，减轻我的痛苦吧。您把财宝放在我家的烟囱下面，我就知道您显灵了。"几天过去了，农夫每天下地干活回来都要看看烟囱下面有没有财宝，可总是一无所获。一天下午，他在耕地时，衣服被一棵树划破，他把碍手碍脚的树刨掉后发现里面竟然有一个盛满银币的大陶罐。他想这次上帝真的显灵了，正要把陶罐拿回家时，他脑子里突然跳出一个念头："我对上帝说的是把财宝放到家里的壁炉下啊，看来这一罐银币肯定不是我的。"于是，他把盖子盖上，把银币埋了回去。

晚上回到家，他把这件事告诉了妻子。妻子非常生气，觉得他很傻，要农夫快去把财宝取回来，可农夫就是不去。妻子就去找邻居，把银币的事告诉了他，并提出如果他能把银币取回来的话，就和他分享财宝。邻居不顾天黑，迫不及待地把装银币的陶罐取出来，打开一看，却发现里面是满满一罐毒蛇。

发怒的邻居爬上农夫家的房子，将陶罐从烟囱扔到下面的壁炉里。第二天早晨，农夫做完祈祷，像往常一样朝壁炉里看了看。他看见陶罐已经被摔碎，无数银币散落在壁炉里。"上帝真伟大！"农夫高兴地叫道。他跪在地上举起双手说："上帝，因为您按我的祈祷将财宝放在了我的壁炉里，我知道这些财宝是真正属于我的！"

摘引自《哲理故事三百篇》

人生在世，不能不工作赚钱，只有工作赚钱了，才能生活。有的人用劳力赚钱，有的人用时间计薪；有的人出卖身体谋取所需，有的人靠语言赚钱营生。不管从事什么样的工作，无论以何种方法赚取生活所需，重要的是要合乎正当性。正当的财富，就是要将本求利，勤劳赚取，无论是农牧收成，还是经商贸易、企业经营、投资生息所得等，都是佛教所认可的经济营生。

反之，非法所得的财富，例如窃取他物、违法贪污、抵赖债物、吞没寄存、欺罔共财、因便侵占、借势苟得、经营非法、诈骗投机、放高利贷等。此外，举凡违背国法，譬如贩毒、走私、转卖人口的职业，或者违反佛法的不当工作，例如屠宰、酒家、赌场等，都在禁止之列，也就是和佛教不杀生、不偷盗、不邪淫、不妄语、不吸毒等根本大戒触逆的职业，都是佛教所不允许的。

《善生经》里提到了取财有六种非道，不可为之，即：

一、种种戏求财物者为非道，如赌博、竞胜、比武等皆是。

二、非时行求财物者为非道，"非时行"是指昼夜颠倒，不顾家庭眷属，如玩弄娼妓，不务正业，即世间的浪荡子。

三、饮酒放逸求财物者为非道，酒能乱性，饮酒的人必多放逸，不事生产。

四、亲近恶知识求财物者为非道，指亲近恶友不但不能得财，反而有倾家荡产，甚至丧命的灾祸。

五、常喜妓求乐求财物者为非道，指性好歌舞娼妓，任意浪费。

六、懒惰求财物者为非道，指性好游荡，不喜作业，凡寒热饥饱都有借口，不肯做事。

以上六种都是消耗财物，不事生产，不但现世劳神伤财，身败名裂，而且来生堕苦趣，失人身，所以说，是非道亦即非人伦善道也。

佛教过去办过类似今日的当铺的典当事业，只向百姓收取非常微薄的利息，甚至完全不取分厘，以帮助贫苦人士周转经济。譬如北魏的僧祇粟、南北朝的寺库、唐朝三阶教的无尽藏院，都是佛教开展的便民利国的金融事业。只是佛教创典当制度，不同于今日一般当铺的高利放贷，佛教是本着"来之于十方，用之于十方"的精神，把社会的净财做一个集中，然后再一次发挥其整体的力量，回馈于社会，属于服务大众的慈善事业，而且具有繁荣经济的功能。

现代社会已有正规的金融事业，寺院为避免与信徒之间有金钱纠纷，应不与信徒共金钱来往。不过，人总有不时之需，当手头不方便时，一般人会向银行贷款，或是到当铺典当应急。现在社会上还有所谓的地下钱庄，从事放高利贷行为，以超高的利率赚取不道德的利润，完全唯利是图。因高利贷而衍生的社会问题层出不穷，不仅对社会无益，而且有害，应属"邪命"的生活。

所谓"邪命"，就是用不正当的手段取得钱财，用经营不正当的事业所得来生活。譬如前面提到的开酒家、赌场，卖钓鱼器具、打猎的猎枪，或者是算命、卜卦、看相等都属于邪命的经济生活。佛教不提倡看风水、择日期，《佛遗教经》曾指示佛教徒不应去仰观星宿、推算命运，因为这些都不是合乎因缘法则正命的经济生活，都是佛法所不允许的。

民初的印光大师曾在普陀山住了许多年。后来日本军阀侵华，一位住在香港的在家弟子，有一座宽大豪华的别墅要供养大师，请大师到香港弘法。

印光大师看因缘成熟，便想前往，但他知道那位信徒经营酒厂，是卖酒的，大师随即决定不去，并且告诉这位弟子说："你要我去，你就不要卖酒，因为卖酒是邪命的生活，我不好意思接受你不净的供养。"

佛法虽然准许佛教徒经商办厂、做各种事业，但是伤身害命、迷惑人性的事业是不准许的。所以八正道中有"正业"和"正命"两种，就是说明一个佛教徒必须从事正当的职业，过正当的生活，用正当的方法取得钱财。如《杂阿含经》说："营生之业者，田种行商贾，牧牛羊兴息，邸舍以求利。"《善生经》则说："积财从小起，如蜂集众花；财宝日滋息，至终无损耗。"

总之，财富虽为人人所爱，但做人不要过分地贪图金钱，要过合理的经济生活。正常的经济生活对人生非常重要，因为世间大部分的罪恶，都是因经济生活不正常而来。有了健全的经济生活，才能建设幸福美满的人生。所以佛经提到，我们若想获得现生的福乐，应该做到如下四件事：

一、方便圆满。不论是务农、做工、畜牧、经商者，或者是公务人员、教师等，一定要有谋生的正当技能，凭工作而得到生活。

二、守护圆满。从工作中获得的财物，除了日常生活支出以外，要妥善保存，以免损失。

三、善友圆满。要结交善友，切不可与凶险、放荡、虚伪的恶人做朋友。

四、正命圆满。要量入为出，不可以奢侈浪费，也不可以过分地悭吝，要有合理的经济生活。

人生本来就有很多的不圆满，生命的意义就是从缺陷中追求圆满，佛教指导我们追求合理的财富，过正常的经济生活，这是圆满人生的第一步，也是人生应走的坦途大道。

星云日记

四用之道：用兵择其勇，用人择其才，用理择其道，用钱择其德。

我们的财神爷

财神是谁？财神当然就是自己！我们的双手劳动，辛勤奋发赚钱，双手就是我们的财神爷；我们的双腿勤于走路，开发财源，双腿就是我们的财神爷。我们耳聪目明，我们满面笑容，我们口中多说好话，我们肯向人点头示好，它们都能为我们带来财富。我们的五根六识，不就是我们的财神爷吗？

摘引自《迷悟之间·财神爷》

　　人心、命运、金钱，这三者其实是互为因果关系的，心好命就好，命好钱就多。真正的财富在身体的健康、内心的满足、前途的美好、生活的幸福、眷属的和谐、正确的信仰、包容的心胸、灵巧的智慧及发掘自我本性的能源，只要心灵能够净化，这些内财自然具备。

　　说到均富的社会，经济、财富要像活水一样，流动的活水才不会发臭。钱财也要让它流动，富人的钱财要造福平民。平民的努力，也可以换取富人的财富，贫富要相互支应。佛教所讲的布施、喜舍就是要让钱财互相回馈，并成为人间爱心的交流。

　　社会上富有的穷人很多，因为不知足，不懂得回馈国家大众，虽有财富，也只是贫者。我们希望社会上多一些经济上虽贫乏，但人格高尚的富豪，让人不只是贪求，全民大众不要只是向钱看，人人都应该具有道德、和谐、责任、包容，彼此互相尊重。无论大集团、小企业，不投机取巧，不贪赃枉法，不要借势苟得，不要非法经营，大家都做一个诚信的国民，如此，国家的经济才会真正复苏。

　　佛教也曾以实际行动帮助社会的经济发展，例如北魏的僧祇粟与僧祇户，协助当时政府解决人民的饥馑；南北朝的寺库、唐代三阶教的无尽藏院，以及历代所从事的油坊、当铺、旅店、碾硙业（灌溉设备业）等，都是繁荣经济、便民利国的事业；现代的佛教则是帮助政府改良社会风气、净化世道人心，以教化来辅助经济的发展。

人类的历史就是一部经济史，举凡日常的衣、食、住、行、育、乐，没有一项可以离开经济。经济与民生息息相关，一个国家如果不能厚实经济，富国裕民，则仁义道德也难以获得推行。所以，经济可以改变世界，也可以改变人生。经济繁荣的地方，其文化、道德必然提升。若无知贫穷，就会衍生许多的罪恶。所以现代的佛教应协助政府改良社会风气、净化世道人心，以教化来辅助经济的发展。经济不只是金钱而已，如果扩大财富的内容，诸如我们的智慧、健康、道德、思想、观念、礼貌，甚至我们的平安、技能、明理、善缘、信仰、满足、惭愧、勤劳、节俭、计划、开源、节流、教育等，都是有形与无形的经济。遗憾的是，人类只把钱财、物质规划到经济的范畴，没有把道德仁义也看成是经济的价值。

金钱固然是烦恼祸患的根源，但净财也是学佛修道的资粮，佛教并不排斥清净的富有。佛陀固然曾以毒蛇来比喻黄金，但也主张赚取净财，拥有适当的物质生活。在《六方礼经》中，佛陀指导善生如何运用金钱。在《弥陀经》《药师经》等宝典中，他描绘诸佛的净土都是黄金铺地、七宝楼阁，可以说人间的佛陀正是富贵人生的提倡者。

拥有财物而不用，和没有有什么差别呢？拥有财物而不会用，和无用又有什么不同呢？一心想要拥有，不如提倡用有。像冯骧散财于民，让孟尝君拥有人心，只是懂得用有的初步，更高一层，应如爱迪生将发明创造所得的专利用于为众生谋福；松下幸之助将企业所有盈余用于教育文化上，让社会蒙利，这些都是"用有"。如能以"用有"的胸怀，印证真理；以"用有"的财富，顺应人间，让因缘有、共同有来取代私有的狭隘，让惜福有、感恩有来消除占有的偏执，所谓"拥有，是富者；用有，才是智者"。富而有智，岂不善矣。

那财神是谁？财神当然就是自己！我们的双手劳动，辛勤奋发赚钱，双手就是我们的财神爷；我们的双腿勤于走路，开发财源，双腿就是我们的财神爷；我们耳聪目明，我们满面笑容，我们口中多说好话，我们肯向人点头示好，它们都能为我们带来财富；我们的五根六识，不就是我们的财神爷吗？

佛教不反对人拥有财富、赚取财富，世间的财富对现世的生活当然非常重要。但是，发掘心里的宝藏，开发心里的能源，更为重要。因此，认识自己、相信自己，甚至肯定众生皆有佛性的人，才是真正拥有财富。能够发掘人人本具的佛性，当下就是世界上最富有的人！

佛教虽然主张出家人可以清茶淡饭，所谓"三衣一钵""衣单二斤半""头陀十八物"，但对广大的佛教徒要给予新的生活观念，因为"巧妇难为无米之炊""贫贱夫妻百事哀"。

佛教不是叫人不要钱财、不可以享乐，而是要我们获得净财越多越好，享受禅悦越妙越好。即使世间上的福乐财富有限，我们也可以体会佛法里的法喜，探索信仰里的财富，享受心里的世界，拥有全面的人生，这才是建设真正福乐财富的人间。

长久以来有一点令人疑惑不解，许多佛教徒轻视当前的福乐财富，而把希望寄托在琉璃净土或极乐世界。今生贫穷不要紧，只愿未来能生到他方世界，享受福乐财富。因此不少佛教徒以苦行为修行，以贫穷为有道，在此理念之下，也使得佛教的传播受到很多的障碍。

所有的财富，要能与福慧建立关系，而福慧是人生最究竟圆满的财富。佛陀是福慧具足的两足尊，福慧事业不能发展，人生就不能圆满。所以，为了要福慧具足，要发展圣者的财富。所谓圣者的财富，例如般若禅定的财富、法喜禅悦的财富、惭愧感恩的财富、慈悲智慧的财富，也就是净财、善财、法财。

有钱可以买到美食，但买不到食欲；有钱可以买到医药，但买不到健康；有钱可以买到床铺，但买不到睡眠；有钱可以买到赞誉，但买不到知己。

我们每一个人面对经济财富，要先建立满足、享有、共有的观念，如此，我们就能运用财富，而不被财富所用。以智慧来庄严世界，而不是用财富庄严世界。拥有金钱是福气，会用钱是智慧，所以我们不一定要做个拥有多少财富的人，能够做一个善用财富的人更重要。

星云日记

如何求得善财？善财不只是外表有形的金钱，求财要求慈悲财、惭愧财、信仰财、定慧财，外在的财富虽不及人，但要求内在的财富，如能力不及人，但人格要比一般人高；钱财不及人，但慈悲要比别人多；什么都不如人，但信仰、服务要比一般人热心，如此才是求取善财之道。

才与财

　　一青年向一禅师求教："大师，我有一件事不明白，它使我整夜睡不好觉，也使我很迷惘，希望您能帮我指出一条光明的道路。"

　　禅师没有说话，青年继续说道："有人赞我是天才，将来必有一番作为；也有人骂我是笨蛋，一辈子不会有多大出息。依您看呢？"

　　"你是如何看待自己的？"禅师反问。青年摇摇头，一脸茫然。

　　大师说道："譬如同样一斤米，用不同眼光去看，它的价值也就迥然不同。在炊妇眼中，它不过做两三碗米饭而已；在农民看来，它最多值1元钱罢了；在卖粽子的眼中，包扎成粽子后，它可卖出3元钱；在制饼者看来，它能被加工成饼干，卖5元钱；在味精厂家眼中，它可提炼出味精，卖8元钱；在制酒商看来，它能制成酒，勾兑后，卖40元钱。不过，米还是那斤米。"大师顿了顿，接着说，"同样一个人，有人将你抬得很高，有人把你贬得很低，其实，你就是你。你究竟有多大出息，取决于你到底怎样看待自己。"

　　青年豁然开朗。

　　　　　　　　　　　　　　　　　摘引自《小故事　大道理》

　　才，是人才；财，是钱财。那在世间，人才重要呢，还是钱财重要？我们是要人才呢，还是要钱财？试说如下：

　　一、要人才不一定要钱财。佛教讲"人能弘道，非道弘人"，任何团体的发展，先要有人才。例如，一个国家只要有人才，就能提升国力，就能推动各项政策，就可以发展各项建设。反之，只有钱财，不会运用的话，钱财也会败坏国家社会。所以，培养人才为重，有了人才才会运用钱财。只有钱财，钱财买不到智慧，光有钱财，不容易培养人才。钱财容易赚取，人才难以获得，所以无论在哪里，人才比钱财重要。

二、要法财不一定要发财。人都希望要发财，但是有了世间的财富，更要有真理的财宝。世间的财富能解决物质的生活，真理的财富能发挥精神的成就。世间的财富有用尽的时候，真理的财富取之不尽，用之不竭。例如，你有几亿的家产，但是财富乃"五家共有"，顷刻之间，再多的财富都不是我的。但是真理的财富，不管世事如何变迁，不管走到哪里，只要我有慈悲，我有般若，我有忍耐，我有自在，这些真理的财富都归我所有。

三、要才力不一定要财力。为人在世，可以欠缺财力，但不能缺少才力。人为财死，因钱财而招来杀身之祸的事时有所闻，所以不一定要拥有很多的钱财。但自己有真实的才力，思想上的才力，智慧上的才力，救世的才力，不管哪个时代，哪个国家，哪个家庭，哪个个人，只要有才力，不怕未来没有希望。

四、要善财不一定要横财。财富不是不好，就好比拳头，可以打人，也可以帮人捶背，所以钱财要变为善财、净财、通财、共财，这样的钱财，才有价值。例如，自我个人的钱财，能公之于大众，成为共有的财富。现在的财富能培养未来的功德财富，成为永世的财富。所以世间的财富并非不好，只要是善财，多多益善。但是横财，也就是不义之财、不当之财，只会招惹灾祸的财富，不要也罢。

五、要通才不一定要专才。现在社会上很重视专业、专才，不可否认，现代社会的发展，高科技专才发挥了很大的作用，但社会普遍还是需要通才，不一定非专才不可。因为当今的社会，是一个开放、多元化的社会，所以只懂得某一项专业的专才，就如古代的书呆子，只晓得钻牛角尖。如能通达各种学问，所谓"一理通，万理彻"，懂理科，也懂工科；懂哲学，也懂文学；懂地理，也懂历史；懂经济，也懂金融。一个国家能有一些专门人才很好，但是多一些通才，也很重要。

才、财，都很重要，有人才也有钱财，有钱财也有人才，才财兼具，当然很好。不过仔细推敲，才、财孰轻孰重？鱼与熊掌，皆吾所要也，当两者不可兼得时，舍鱼而取熊掌，所以"财"可贵，"才"更可贵。

星云日记

世上每个人追求的目标都不一样，有的追求金钱，但是钱并非万能，一样会有很多烦恼，不能真正解决人的问题。佛教并不否定金钱，而是要净化钱财！更何况学道者在过多金钱及丰富物质的供养之下，道心不易成长，学道者所要追求的是法财，如真理、众生、常住、因缘……这些财富让我们取之不尽，用之不竭！

有钱是福报

说到均富的社会，经济、财富要像活水一样，流动的活水才不会发臭。钱财也要让它流动，富人的钱财，要造福平民；平民的努力，也可以换取富人的财富，贫富要相互支应。佛教所讲的布施、喜舍，就是要让钱财互相回馈，并成为人间爱心的交流。

"君子爱财，取之有道。"我从佛教里的发财方法提出六点来说明，其中前三点是一般世间所共有的发财方法，后三点是佛教发财的方法。

（一）勤劳

俗云："黄金随潮水流来，你也要提早把它捞起来。"中国流传着一个故事：老祖母去世前，交代儿女说，我们葡萄园里的地底下埋了许多的黄金。她的儿女就天天到葡萄架下面去挖去找，虽然黄金没找到，葡萄架上却结满了累累的果实。

所以说，我的双手劳动，辛勤奋发赚钱，双手就是我的财富；我的双腿勤于走路，开发财源，双腿就是我的财富。财富是落在勤劳人的手里，不勤劳，妄想得到财富是不可能的。

（二）节俭

节俭可以得到财富。节俭并非专指金钱上的节俭，浪费时间等于浪费生命，若能爱惜时间，节俭时间，时间就是财富；不滥用感情，懂得适度节制，就会拥有感情的财富；生活上的物欲也要节俭，对于物质的需求，不奢侈浪费，就能累积财富。

总之，人生的福报是有限的，银行里有再多的存款，终有用尽的时候，平日应留一点在那里，以备不时之需。

（三）宽厚

说话宽厚，会获得人缘，人缘就是财富；待人宽厚，会得到他人的尊重，尊重就是财富；处世宽厚，会得到很多方便，方便就是财富。我们交友宽厚，处世宽厚，所谓居心仁厚，就会获得富贵。"宽以待人，严于律己"，这不但是中国儒家做人处世的方法，也是佛教发财的方法。

（四）信心

过去佛光山在每星期四晚上的十点十五分会录制一档"信心门"节目。开头就说"信心门里有无尽的宝藏"，你有信心，财富就在你的心里。我们不但对宗教的信仰要有信心，对事业，对道德都要具有信心，对凡是净化的、善美的、慈善的事情，即使是受了委屈，也不丧失信心。

（五）结缘

结缘是发财最好的方法。我对你寒暄、问好，口说好话，就是语言的结缘；和人点头微笑示好，也是和人结缘；你不认识路，我带你去，和你结个缘；遇到了困难，我来帮你的忙，更是结了个缘。这个世间要有缘才能生存，很多人做事方便，是因为他结的缘很多。佛法讲因缘，宇宙万有所以存在，就是由于因缘。我们要发财、要生存，结缘非常的重要。

（六）布施

有人会怀疑：布施既是给人，给人又怎能发财呢？其实我们应该了解，布施如播种，你不布施，怎能有收成？佛教告诉我们，做功德就如种田，这块福田一个叫悲田，一个叫敬田。以慈悲心救济贫苦大众，叫作"悲田"；对长辈、师长、父母、国家尽忠尽孝，叫作"敬田"，在敬田、悲田里面播种都会有收成的。

佛教有托钵制度，"钵"就是一块"田"，能投多少到钵里，种一点福田，就能一收百、千收万，成长无限的果实。现在所种的种子，未来势必能为佛教、社会做许多教育、文化、慈善方面的事业。另外，佛教也有所谓的"七圣财"。这七种圣财是指信仰、精进、持戒、闻法、喜舍、智慧、惭愧。圣者安住于般若禅定的财富里，他们拥有法喜禅悦的财富享受，他们怀着惭愧慈悲的财富愿力，他们享用无尽的"七圣财"。

星云日记

钱用了才是我们的，如果悭吝不用，世事无常，不知今后将会是谁的。钱如水，要流动，才会清澈甜美，否则是一潭死水，一滴水就有无限功用，更何况大家的布施，其功德是无限的。

君子爱财

对于世间的物用，佛教并不排斥否定，因为人在世间上生活，自然需要眷属的爱敬、净财的增长，及福乐富贵的不断增上，这是人间生活的要求。但是，我们光有外在的财富还不够，对于内在的精神，还须透过"定慧等持""止观双修"，不断地自我提升，以期达到"现证法喜安乐，永断烦恼无明"。

赚钱不是用想的，妄想、空想，这样没有用，要播种、栽种才有收成，基督教也说怎么栽种就怎么收成。我想，你要先说好话，先把自己建立好，说好话、做好事、存好心，这样才会赚钱。

另外要服务，今后的社会是服务的社会，现在的服务业也特别发达，你不服务会被淘汰，就像开银行，过去银行的人都很凶。"不可以！""怎么样！"人家只能忍气吞声，现在不行了，你不服务，不讲好话，我下次不到你家来存款。因此，要服务。

还有，要勤劳、要低调、要耕耘、要平常就结缘，满面的笑容可以赚钱，满口的好话可以赚钱，满手的好事，满心的欢喜，这样的人比较受人欢迎，比较容易找到工作。

说到勤劳，我想今天老板请我们，我们也不一定要老板督促我们做什么工作，我自己心里想，他给了我一万块，我这个月要帮他赚十万块，我才有资格来拿这一万块。我赚不到十万块，他的开支就不合成本，那么我就要减薪。

　　所以我觉得要先"给人"，舍得舍得，舍就是得，要多修桥铺路，做功德好事，要发心。发，开发，山坡地要开发，像香港的山坡地都是开发出来的，开发了才能建大楼。我们的心田、心地，如果自己不开发，怎么能发展？开发我心里的般若智慧，开发我心里的慈悲，开发我心里的勤劳力量，开发我心里的热忱、道德，我开发自己心地的宝藏。就像有的地上会出油、出黄金一样，肥沃的土地，长的水果才好吃，别人的田地，一年才长一百斤，我的一亩田一年长五百斤，我有开发，我有施肥就不一样。所以要开发自己的心田，开发自己心里的智慧。

　　讲到发财，有有形的财富，还有无形的财富；有外面的财富，也有心里的财富；有精神的财富，我还可以培养人生的财富；有限的财富我能把它用到无限。比方一个面包，给你吃，给他吃，都只是一个人吃而已。但我不是，我虽然把这一个面包吃了，但同时我也希望这一个面包能让天下的人都能温饱，我心里就把这个面包跟天下的人结缘了，这叫回向。要知道，回向是最好的结缘方法，也是最好的发财方法。发心的方法有很多，究竟要用哪些方法？"有佛法就有办法"，刚才讲的发心、慈悲等，都是佛法。

星云日记

　　人与人之间不一定只有金钱的往来，做事如果是依金钱往来而定标准，不是如同还债一样，给了就两不相欠？更何况金钱非万能。人与人的相处要有超越金钱之外的情谊，因为以钱来往后的结果通常是"银货两讫"，但情谊则是永远留存。

说薪水

A对B说："我要离开这家公司。我恨这家公司！"

B建议道："我举双手赞成你！这破公司一定要给它点颜色看看。不过你现在离开，还不是最好的时机。"

A问："为什么？"

B说："如果你现在走，公司的损失并不大。你应该趁着在公司的机会，拼命去为自己拉一些客户，成为公司独当一面的人物，然后带着这些客户突然离开公司，公司才会受到重大损失，非常被动。"

A觉得B说的非常在理。于是努力工作，事遂所愿，半年多的努力工作后，他有了许多的忠实客户。再见面时，B问A："现在是时机了，要跳赶快行动哦！"A淡然笑道："老总跟我长谈过，准备升我做总经理助理，我暂时没有离开的打算了。"

摘引自《哲理故事三百篇》

社会上，除了老板自营的事业，盈亏自己负责，或者靠天吃饭的农夫，收成多少也是要看自己的运气。除此以外，多数的工人、公务员都是要靠薪水养家糊口，营求生活。所以现代的社会都讲究要有职业，经济越萧条，失业率越高，整个社会就跟着惊慌失措了。

说到薪水，高、低薪的差别待遇就很大了。有的人，一个月领到的薪水仅够自己糊口，不够养家，所以家庭中还需要有第二者、第三者，同时也是受薪阶级，才能维持一个家庭的用度开销。但也有的人，一个月的薪水数十万、数百万，高于低收入者不知多少倍。甚至有的人盖一个印章，签一个字，可能就是百千万的数字，像军火贩子，他们的一笔生意，可能就是一般受薪小民一生努力也无法达到的数字。

过去，人都是靠劳动服务，每月赚取一点蝇头小利。现在科学发达，一些有头脑、有智能的人物，一个发明，一个程序，就能获得大老板的欣赏，这种人才，没有高薪，恐怕很难聘请得到。依照现在世界各地的国民薪水所得来看，即使再先进的国家，劳动阶级的收入也只能供一家的温饱。甚至有许多国家的非法移民因为没有身份，就算付出劳力，也得不到应有的待遇。

剥削劳工，这是长久以来一直存在的社会问题，好在现在世界各地都有劳工部、劳工委员会、劳工协会替工人争取利益，工人们也经常向资本家，提出他们的需求。请愿、罢工，在世界各地时有所闻，因为社会是讲求公平的，不平则鸣，也是很自然的事。

有的人生性保守，只希望求个稳定的生活，也不奢望太高的待遇；有的人不甘于平凡的生活，冒险投资房地产、投资股票、投资新兴行业。机缘好的，一本万利。机缘不好的，血本无归，所以社会上倾家荡产，负债累累，甚至牺牲生命的，也为数不少。

古语说：家财万贯，不及一技随身，所以现代人要想有正常的薪水收入，除了勤劳以外，还要有技能。技术性的受薪，必然比一般人的薪水高出许多。

　　社会的进步，固然要看生产力，但也要看劳资的合作关系，这是非常重要的。因此，我们希望企业界的老板们，为了创造劳资的美好关系，能把利益分享给大家，如奇美公司董事长许文龙先生，他让员工分享利润，最为人称道，也是值得大家学习的。

　　来路不明的金钱，不会带给我们富贵，因为因果不会漏失我们善恶的举止，一人有亏心事，住在心的牢狱里比住在铁窗的牢狱还痛苦。检点自己的行为，免得对自己与别人都不利。

星云日记

财富锦囊

第四辑

河水要流动，才能涓涓长流；空气要流动，才能生意盎然。我们的财物既然取之于大众，必也用之于大众，才合乎自然之道。一心想要『拥有』，不如提倡『用有』。像冯驩散财于民，让孟尝君拥有人心，只算是懂得『用有』的初步，更高一层应如爱迪生将发明创造所得的专利用于为众生谋福，松下幸之助将企业所有盈余用于教育文化上，让社会蒙利。这是『用有』，不是『拥有』。

怎样用钱

有一次，佛光山举行徒众财务讲习会时，我问与会的大家："你们知道佛光山处理财务有哪些原则？"在众多的弟子当中，依谛一马当先地举手，他从位子上站起来说："我记得最清楚的是，师父您常说的'要以智慧来代替金钱'。"的确，我一生处理财务的原则当中，最重要的就是"以智慧来代替金钱"。凡事不一定要用金钱去庄严，但要用智慧。

人在世间生存，必须要有经济基础，因为衣食要钱，读书要钱。人到无钱百事哀，一文钱甚至能逼死英雄汉，金钱怎么能说不重要呢？

金钱是供人生活得方便，不能为了金钱而造成许多不便。但看世间有人为了钱财而增加许多烦恼，甚至有人为财死，殊为不智。兹提供"经济六不"，作为参考：

一、缺钱不借债。在人的一生当中，有时有钱，有时缺钱，缺钱的时候就想到借贷，因为借贷而增加利息，于是更加缺钱。所以，缺钱的时候，一定要咬紧牙关，宁可清贫淡泊，学习颜回先生的"一箪食，一瓢饮"，也不要跟人借债，以免还债时困难。

二、欠钱不赖账。无钱时，借钱支用，非常容易；欠债还钱，非常困难。但是人生有比金钱更重要的，就是信用，树立自己的信用非常重要。已经欠了别人的钱财，欠钱不可赖账。欠钱还债等于杀人偿命，这是必然的因果关系，不能不知。

三、有钱不放贷。人生时来运转，有时也会有钱。有钱可以布施，周济贫穷，帮助急难，千万不能有了钱财，就去放高利贷。人生偶尔用钱救急，用钱辅危，这是当然之事。如果有钱放贷，别人还钱，加付利息，他会痛苦。如果对方欠债不还，你会痛苦，所以还是将多余的钱用作施舍，最为安全。

四、见钱不敛财。许多贪官污吏，看到别人稍有钱财，就会想方设法去贪污、搜刮。官吏看钱做事，贪污敛财，让人觉得他们吃相难看。就算不是官吏，有钱能使鬼推磨，只要你有钱，他就甘愿为你效劳。见钱眼开，这是一般常情。见钱能不为所动，不贪污，不敛财，这是为官之道，也是做人之道。

五、少钱不诈财。有的人缺少钱财，生活艰难，如此就应该想正当的赚钱方法，即使打工、摆地摊、送报纸、当个小贩，都可以维生，千万不能诈财、骗财。一个人的生活，如果走到需要今天骗朋友，明天诈他人，骗来骗去，诈来诈去，周遭的朋友，各种关系人都曾被你骗过，都曾给你诈过，以后你的生活怎么办呢？所以生活里缺少钱财，要用正当的方法去赚取钱财，千万不能用诈骗的手法来获取不当之财。

六、多钱不共财。世间的财富，有个人私有的，有大众共有的。日月星辰、山水公园，都是大众的共财。当然，有时合伙投资，与人合资经营事业，那也是共财。共财可能不必你辛苦，可以让钱去赚钱，这当然是好事。但是共财也有许多缺点，公司倒闭了，共财被人假借各种名目用光了，你能接受这些事实吗？因此，即使是好朋友，最好也不要共财，因为好朋友借贷共财，为了钱财伤了友谊而反成仇敌的例子，不胜枚举。所以，如果你要与人共财，最好有最坏的打算，否则就算自己钱多，也不要与人共财。

以上"经济六不"虽非赚钱之道，却是生活中不能不建立的理财观念。

星云日记

我一生不管钱，故能逍遥。人管钱就会小起来，不管钱的人才会大，因不受牵制。先厘定自己要做什么，要当家，就必须管钱；要弘法，就不要去过问钱。

财务十分法

一般人大多过着以下生活：

1.以物质为主的生活，因为物质占了我们生活的主要部分。

2.以感情为主的生活，因为人是感情的动物，所以佛说"众生"为有情。

3.以人群为主的生活，因为人不能离群而独居。

4.以根身为主的生活，因为一般人都是依靠眼、耳、鼻、舌、身、意（六根）去追求色、声、香、味、触、法（六尘）的快乐。

人虽然过着物质、感情、群居、根身为主的生活，但是：

1.物质是有限的，不能满足我们无限的欲望，所以我们要有"合理的经济生活"。

2.感情是多变的，不能永远令我们满意，所以我们要有"净化的感情生活"。

3.人群是利益冲突的，不能长久和平相处，所以我们要有"六和的处世生活"。

4.根身是无常的，因缘会招感聚合离散，所以我们要有"法乐的信仰生活"。

现在的工商界、军公教人员，每月薪资多少，看起来是没有定准。一般来说，多赚多用，少赚少用。现在的社会，正常的情况是不会有饿死的人，只要肯努力、勤劳工作，吃饭总不成问题。

不过，如果不是个人，而是身为一家之主，肩负着一家大小的经济重担，则对家庭的收支应该有一个预算。假定夫妻二人一起工作，每月共赚十万元，试为之作"财务十分法"，说明如下：

一、四分用于家庭生活。十万元当中，必须有四万元做家庭的生活费，包括支付房租、水电、交通，以及三餐伙食及购买日常用品等。

二、一分储蓄备用。十万元的薪水里应该留一万元做定期储蓄，以备不时之需，同时也可当成投资理财。

三、二分用于读书旅游。在家庭总收入中，有两万元做子女读书的教育费，以及全家人旅游、参学之用。

四、一分宗教慈善。一万元用于奉献社会的公益事业，或布施给自己信仰的宗教，乃至缴交各种会员费等，一方面和社会大众结缘，同时也是对世界的投资。

五、一分资助亲友。以一万元帮助穷苦的近亲朋友。如果没有这项支出，可以移做储蓄备用。

六、一分用于社会公关。一万元用在社会的各种交际应酬上，包括亲友的婚丧喜庆，同事朋友之间的聚餐联谊，乃至社会各种公关往来等，难免会有一些不得不参加的应酬。

以上的"十分法"，如果情况特殊的家庭，例如夫妻共同的收入无法达到十万元，只得在各个项目中节约用度。如果总收入超过此数者，应该在教育费上增加额度，好好培养子女，乃至做一些小额投资均可。

其实，世间有一个不公平的现象，有的人靠着父母遗留给他的一栋房子，不但每个月不必支付房租，甚至还有一笔额外的房租收入。相对地，有的人父母没有留下房子，自己也无力购屋，只得每个月支付房租。不过，在今日的社会里，能够受父母庇荫的人毕竟不多，多数的父母无力照顾子女的后半生。同样的，今日社会，无法照顾父母老年生活的子女，为数也不少。所以关于经济财务上的难以公平，还是要靠自己的智慧赚取善财、净财为好。再说，金钱是给人用的，有的人钱多了，不会用，反而增加烦恼，甚至带来无谓的灾难，所以金钱财物，还是够用就好。

星云日记

"勤俭持家""量入为出""开源节流"是佛光山对金钱的态度，中国人喜欢以家族式各自为政的方式来处理金钱，常常会分散力量。日本人则喜欢集合大众力量来运用，所以会社的集团很多。对信施净财要戒慎小心，财物必须集中才会有力量。

人生的预算多少合适

我记得三十多年前，佛教界还没有人用汽车时，我为了弘法方便，买了一部九人座的"载卡多"，因为常识不够，请工厂里的师傅将它改装成二十六人的座车。每次出门，我都招呼徒众学生们一起上车，那种"皆大欢喜"的情景，至今想来，仍然觉得趣味无穷。所以我常常告示徒众：节省是"智慧"，忍耐是"智慧"，善于处理是"智慧"，能将世间万物提纲挈领，化繁为简，运用自如，能为大众所用，就是一种"智慧"。

一个国家有多大的力量，我们得先了解它的预算存底有多少。预算充足，可以增加国防，可以加强教育，可以多兴社会福利，可以多建交通、海港，可以多投资公益，为民服务，甚至用于农工的改良、森林的保护等。因为有预算，就会把国家社会建设得更加美好！

一份事业能否维持，也要看它的预算多少，每年的预算收支都有盈余，这个事业必定大有可为。如果这份事业每年都是透支赤字，已经亮起了红灯，前途必定艰难！

预算的多少可以决定国家事业的成败，那我们个人也应该来筹划自己的预算！

个人所拥有的财富预算，也不光只是金钱方面！你的聪明智慧拥有多少，你的人格道德拥有多少，你的朋友人缘拥有多少，你的名誉信用拥有多少，这些都和你的人生预算有关。

金钱上的财物不足，你通过其他方面都可以补充。就算你财物充足，假如你没有人缘、没有道德、没有信誉、没有智慧，在预算里面，收支必定还是不能平衡。

一般的公司行号里，负责筹划预算的人，都必须注意收支相抵。如果你只是计划收入，这里几千，那里几万，你没有本金，可能会有收入吗？假如你一味地支出，这里要花费，那里要支出，你入不敷出，怎能合乎收支平衡的预算呢？

在预算里面，开源节流是一个提高经济效益的最好办法。在我们一期的人生里，奉献、服务，从公益中能收入多少，才能平衡自己的支出？有的人先讲究收入而酌量支出，有的人先尽量播种，希望他日收成会好！先收？先支？后支？后收？这就要看你的策划、预算本领的高低了！

语云："人算不如天算！"憨山大师也说："人从巧计夸伶俐，天自从容定主张；谄曲贪嗔堕地狱，公平正直即天堂。"个人的预算不要先从自己的利益着想，而要以整个社会、大众，各种利益关系为前提，以此来订下自己人生的预算。所谓"厚道必不吃亏"，这是必然的因果道理！

星云日记

奉献：一块钱、一个合掌、一个微笑、一点心意的布施，都可以为我们培植不可思议的福德因缘。

理财十事

所谓感恩的经济生活，是每个人对生活中的一粥一饭，要有当思来处不易的感恩。一条丝、一块布都不是简单的事，我们有衣服穿，是因为有工人织布；我们有饭吃，是因为有农人种田；没有主播、演艺人员，我们就没有电视可看；没有公共汽车司机，我们出门就没有车子可乘。我们之所以能生存于人间，主要的原因，就是有社会大众供给、满足我们的需要；没有社会大众，我们就无法生活，所以我们要把经济道德建立在知足感恩上。

谈情、做人、理财、处事，似乎是人生必备的基本能力，尤其钱财对人生非常重要，所谓"无财百事哀"，一个人没有钱财，事情难成，生活也很艰难，所以每一个人都希望自己有钱。

然而，钱财并不会自己从天上掉下来，也不会从地底蹦出来，顶多由祖先留下一些遗产给我们，或是社会的一个机缘，让我们发财。有时就算有了钱财，也要好自经营，否则钱财如流水，流来也会流去。兹将"理财十事"略说如下：

一、开源节流。所谓理财，一是要开源，二是要节流，开源节流是经济学上理财的不二法门。没有开源，没有来路，怎能有钱？没有节流，钱财一直浪费、流失，怎能保有？开源节流没有一定的程序，但看各个领导人、主管如何规划、预算。

二、规划预算。所有的事业都需要有规划，人事制度、生产营销的规划，乃至"岁入岁出"的规划。所谓"吃不穷，穿不穷，算盘不到一世穷"，发财谈何容易，能替消费者节约预算，就是替自己增产。

三、评估价值：经营事业的人，要做市场调查，举凡产品的营销、社会的需求、买卖的行情、成本的高低等，都需要做一番确实的评估才能稳操胜券。

四、通达财讯。经商的人，财讯应该要互相通报，哪里有商机，哪里有新产品，哪里发现能源，哪里有善于管理的杰出人才，或是有专业技能的特殊人士，都是财讯，不能失之交臂，所以参与各地的商会、联谊会，就显得非常重要。

五、廉洁自爱。钱财是一个大染缸，人在钱财里，很容易被污染。所谓"君子爱财，取之有道"，现在的事业，大都合伙经营，因系共财，所以自己的洁身自爱，就非常重要。与人共事，先要让别人了解自己不贪财，这是合作的第一要件。

六、善财能舍。会赚钱，也要会用钱。分红会激励员工更加卖力；善事的赞助会让产品更加知名。现在一些财团对地方的回馈，对政府的支持，对宗教慈善团体的乐助，可说都是"善财能舍"。

七、纵合分管。经济的原理，要懂得分散风险，因此有人说："鸡蛋不要放在同一个篮子里"，这就是分摊风险。所以当事业发展到某一个阶段，可以合营，可以分管，相互资助，千万不能只求面的扩展，不知力量能否统辖。大而不当，也非经营之道。

八、重视智财。看今日之财团事业，所以发财，都是先发掘人才，有人才，才能赚到钱财，所以人才的培养、人力资源的开发，要舍得投资。懂得重视智慧财，也是理财之要。

九、管理有道。现在讲究管理学，工商管理、技术管理，乃至人力资源的管理、产品质量的管理，尤其人心、人性的管理等，只要管理有道，何患不能赚钱？

十、经营有方。所谓"蓝海策略"就是不要彼此恶性竞争，杀得两败俱伤，而是通过柔性管理，找出新的发展之道，彼此共荣共有，共创双赢，这才是最好的经营之道。

人都希望赚钱，能够经营有道，而且理财有方，必然赚钱。以上理财十事提供参考。

星云日记

自然的财富：知足是天然的财富，奢侈是人为的贫穷，精进是无尽的能源，懈怠是隐形的危机。

开源节流

节流，节什么流？我们要节省我们的用钱，节制我们的贪心，不要好买。我一生自觉自己不要钱，我也不好买；因为我不要钱，我不好买。所以我有钱建设世界，建设佛光山。我"以无

为有"，淡泊就是我的节流，爱惜时间就是我的节流，每一个信
徒的发心，我珍惜它、宝贵它，就是我的节流。

在经济学上，有一个千古不易的致富秘诀，那就是开源节流。
一个人的生涯规划里，不能少了开源节流。创新一种事业，先要评
估，在这项事业上我能开源节流吗？甚至一年高达千万亿元的预
算，也不能只是把它当成纸上的数字，而是需要有人在实际情况
里，例如负责主计室和经济部的人，要确实有一套开源节流的方
法，政府的各部门才能顺利运作。

开源节流的方法很多，首先我们要开佛法之源，佛法就是我们
的源头，有佛法就有慈悲，就有智慧。一个人即使物质生活欠缺，
只要他有慈悲、有智慧，生命就会变得充实、富有。所以我们要有
佛法，要点亮一盏欢喜的灯，点亮一盏信仰的灯，内心有了欢喜、
信仰，比世界上有形的财富更为重要。

节流，节什么流？我们要节省我们的用钱，节制我们的贪心，
不要好买。我一生自觉自己不要钱，我也不好买。因为我不要钱，
我不好买，所以我有钱建设世界，建设佛光山。我"以无为有"，
淡泊就是我的节流，爱惜时间就是我的节流，每一个信徒的发心，
我珍惜它、宝贵它，就是我的节流。

另外，有的人在家中的庭院里种上几棵蔬菜，偶尔锅中所煮，
不必花钱购买，这是他开源节流的所得；有的人从山边引水到厨

下，无须动用自来水，一年也能节省不少开支。

现在家家几乎都有空调，懂得把空调设在一定的室温下，不要经常动用开关，这也是节约能源的方法。团体里人多，每日垃圾量大，如果能够加以分类，不但减少处理垃圾的搬运费，还能资源回收，增加一笔额外收入。开源节流不一定只限于经济能源上，平时多结交一些朋友，多发心担任义工，多培养与别人互动的因缘，这也是社会人际关系的开源节流。

比如说，有些人会制造家庭的和谐、热情、幽默、赞美，使全家人都乐于工作。乃至人人奉公守法，不浪费社会成本。平时养成随手关灯的习惯，节约用水，这都是开源节流。

购买东西时分期付款，这是开源节流；不用的物品能省则省，少了堆置的拥挤，多了空旷的简朴，这也是开源节流的良好习惯。甚至于对自己不当看的东西不看，免得视力疲倦；不当听的语言不听，免得听出是非烦恼；不当做的事不做，免得造业；不当想的不想，免得心烦意乱，这都是身体的节流。

此外，身体也可以开源。当看的人，不但要看，还要行注目礼，而且要看出个中的所以然来；当听的，不但要听懂，而且要听出别人话中的弦外之音；应该想的，不但要思维前后、左右的因果关系，而且要竖穷三际、横遍十方，把宇宙万有、世界人生都想在自己的心中。每天所思所想，都是道，都是德，都是学，都是扩大，都是普遍，这都是开拓自己能量的源流。

其实，开源节流固然是与资本、能量等外在的因缘条件有关，例如没有高山，又如何能开采出金银宝藏？没有沙漠、海洋，又怎能开采出原油？但是也有许多的修道者，他们不看外界，专看内心；不想他方，只是思维本性。卧榻之上，一书在手，可以周游天下。蒲团之间，未尝不能开辟心中的天地。

说到开源节流，外在的天地，内心的世界都可以开源节流。只是"工欲善其事，必先利其器"，你开发能源的条件是什么呢？拥有智慧、信仰、毅力、能量，通达因缘所成，明白共有关系，所谓开源节流对我们的贡献，其大可知。

佛教讲"发心"，就是要开发我们的心田，我们的心田广大，心里的能量无穷，只要我们开发心里的惭愧，惭愧就是我们的财富；开发心中的感恩，感恩就是我们的财富；开发心底的勤劳，勤劳就是我们的财富。乃至开发人缘、开发感动、开发自己的真如佛性、开发我们的佛法大海、开发我们的信仰宝藏。最重要的是，我们要开发"无"的世界，不要只从有形有相上去开发。"有"是有限有量，"无"才是无穷无尽。

星云日记

知足是天赋财富，奢侈是人为贫穷。

家里的"摇钱树"

在一次新闻发布会上，人们发现坐在前排的美国传媒巨头ABC副总裁麦卡锡突然钻到了桌子底下。大家目瞪口呆，不知道这位大亨为什么会在大庭广众之下做出如此有损形象的事情。

不一会儿，他从桌子底下钻了出来，扬扬手中的雪茄，平静地说："对不起，我的雪茄掉到桌子底下了，母亲告诉过我，应该爱惜自己的每一分钱。"

麦卡锡是亿万富翁，照理说，应该不会理睬这根掉在地上的雪茄，但他却给了我们意想不到的答案。

摘引自《365个小故事　365个大智慧》

一棵"摇钱树"，这是过去封建时代落伍的社会里，父母想把女儿出卖到烟花场中赚钱，或是意图以女儿去钓得金龟婿来发财的说法。所谓一棵"摇钱树"，这是错误的观念。

现在家中不只是一棵"摇钱树"，应该是有多棵"摇钱树"。你培养儿子读书，希望他将来出人头地，名利双收，这不就是家中拥有一棵"摇钱树"吗？你家中有退休的老人，但是"退而不休"，还到外面去赚外快，这不也是家里的"摇钱树"吗？夫妻男女主人已经有了职业，还要兼职打工，这不也是家里的"摇钱树"吗？

其实，家中的"摇钱树"可多啦！别人家的一套沙发用了两年就坏了，我家中的沙发，因为我的爱护，用了五年还是坐卧舒适。

我的爱护之心，不就是"摇钱树"吗？一辆汽车，人家用了两年、三年就淘汰更新，我家中的汽车由于我保养得好，用了十年，它的性能还是很好。我的细心保养，不就是我种的"摇钱树"吗？

所谓"穿不穷，吃不穷，算盘不到一世穷！"我的算盘不就是我的"摇钱树"吗？我节俭勤劳，不当用的我不用，应该省的我节省，勤俭持家不就是我的"摇钱树"吗？有的人家中雇请管家，而我的家务自己偏劳；有的人花园里的草木要找人修剪，我则利用早晚作为健身运动，这不就是观念的"摇钱树"吗？

我的家中，人人养成随手关灯的习惯，大家节约用水，这不就是在浇灌家中的"摇钱树"吗？我的家里和谐、热情、幽默、赞美，使全家都乐于工作、乐于爱护家人，我全家人不都是"摇钱树"吗？甚至人人奉公守法，不浪费社会成本；人人响应政府垃圾分类、资源回收的政策，这不也是在为社会培植"摇钱树"吗？

不要把"摇钱树"寄托在某个人身上，也不要寄托在某件事上，只要观念正确，勤劳奋发，全家是黄金，全家人人都是"摇钱树"！

星云日记

惜福结缘利人天：在世间，我们每一个人的日用享受都有一定的数量，好比我们在银行的存款，每个人或多或少都不一样，这就是所谓的福报。一个人挥霍无度，好比银行存款一直在减少；积功累德，银行存款也就日渐增多。修桥铺路、救人苦难都是积福的方法。古人一直劝导世人不要积财给子孙，只要积福，子孙就能享用不尽，可见福报就是自己的财富，要珍惜福报才会更有福报。

关于私房钱的烦恼

> 一个农夫无意间发现一只会生金蛋的鹅，不久便成了富翁。可是财富却使他变得更贪婪、更急躁。每天一个金蛋已无法满足他。于是，农夫异想天开地把鹅宰掉，企图将鹅肚子里的金蛋全部取出来。谁知打开一看，鹅腹里并没有金蛋，鹅却死了，再也生不出金蛋来。
>
> 摘引自《小故事 大启示》

你有私房钱吗？不一定女人才有私房钱，男人也有私房钱，甚至有些政要为了不想让人民知道秘密，他把钱储蓄到瑞士银行，那不是私房钱吗？

妇女之所以喜好存私房钱，是因为她的金钱来路有限。她可能会想，要为儿女将来的教育储备经费；或是万一丈夫的事业不顺，家计的负担，甚至老来的养老，她觉得准备一些私房钱比较安全。

男人存一些私房钱，他怕金钱全部给家人管理，用时不便；或者他想，鸡蛋都放在一个篮子里，风险太大，所以要有些储蓄，以备不时之需。至于国家也存私房钱，那许多政客，什么人什么居心，就不容易知道了。

私房钱的储蓄，有时候也有好处，例如，家庭、朋友紧急需要时，或是急难救助，当四处告贷无门的时候，能将私房钱拿出来贴补，也是应急之道，或者当社会有所需要时，也能挺身而出，表示急功好义。不过，有的人将私房钱存入银行里，只有个人签字，没有他人知道，这许多的金钱到最后都成为银行所有，无人知道。或者把私房钱放在秘密之处，因为时间久了，黄金变色，钞票潮湿，实为一大损失。有的人把私房钱寄存在朋友处，交代要留给将来的小儿小女，但是朋友也会吞没寄存，这也是常有的事。

当然，我们知道，钱一旦公开了，就不是自己个人所有了。所谓"五家共有"，金钱不公开，多少冤枉钱都在私心、非法之下，成了冤哉枉也！所以佛教认为，对金钱最好的处理方法是：钱，用了才是自己的！拥有金钱是福报，会用钱是智慧。会收藏、储蓄，倒不一定就表示自己有福报和智慧。

人间为了一个"私"字，造成很多不合人情事理的行为，甚至于人民的私有制，也都造成很多社会的问题。例如，私房钱之外，私生子、私有地、私家车，因为"私有"，因此不能跟人"共有"；私人田园、私人住宅、私人企业、私立学校、私家银行，甚至有人假公济私等。假如人人都能储私为公，以公益、公道、公有、公享，所谓一切奉公守法，就算是私房钱，也要合法合理，要把私房钱成为善财、净财，这才是重要的！

星云日记

世间之贵：一、诚信是第一财富；二、正法是第一坦道；三、实语是第一妙味；四、智慧是第一生命。

从拥有到用有

烈日高挂，街道上有三个乞丐在为一块树荫而争论。最后决定谁最富有，谁就能享有树荫带来的凉爽。

甲："我有12个碗，每天用不同的碗吃饭，高兴时就用好碗，不高兴时就拿个坏碗，难道我不富有？"

乙："我有12张草席，想盖几张就盖几张，难道我不像个富人？"

丙："我不像你们那样富有，但我有一条断了一截的腿，普天之下，谁能比一个断了腿的乞丐更富有？"

摘引自《365个小故事　365个大智慧》

人人都想拥有，但问题在于人心不足。填饱肚子，又求珍馐；娶了娇妻，又求美妾；有了房舍，又求华厦；谋得一职，又求升官；得到千钱，又求万金……宝贵的一生就在追求"拥有"中，苦苦恼恼地度过。

拥有多少，有何标准？有钱人尽管名下拥有多少高楼、土地、黄金、股票，但日夜畏惧，睡不安稳，比起读书人知足常乐，以天下事为己任，心怀众生，你说谁拥有的多呢？

语云："良田万顷，日食几何？华厦千间，夜眠几尺？"石崇生前万般积聚，富可敌国，但是到了最后，死无葬身之地，比起身居陋巷的颜回求法行道，不改其乐，你说什么是真正的拥有呢？

拥有了财物却不用，这和没有、和无用有什么差别呢？河水要流动，才能涓涓不绝；空气要流动，才能生意盎然。我们的财物既然取之于大众，必也用之于大众，才合乎自然之道。一心想要"拥有"，不如提倡"用有"。

真正的"用有"不易做到，一旦执著财物是"我"的，用的对象就不广泛，用的心态就不正确，用的方式也有所偏差。其实，我们的一生空空而来，空空而去；我们的财物也应空空而得，空空而舍。对于世间上的一切，拥有空，用于实，岂不善哉！

所谓"心包太虚，量周沙界"，所谓"拥有"，有是有限，有量；所谓"空无"，无是无穷，无尽。如能以"用有"的胸怀来顺应真理，以"用有"的财富，顺应人间，让因缘有、共同有来取代私有的狭隘；让惜福有、感恩有来消除占有的偏执，所谓"拥有，是富者；用有，才是智者。"富而加智，岂不善矣。

星云日记

我一生都在讲究随缘随喜，世间一切有非真有，无也非真无，要从无限中去扩大，不要在有限中自寻烦恼，要以出世的思想过入世的生活，才不会为物所役！

钱，用了才是自己的

在四川的偏远地区有座寺院，寺院里有两个和尚，其中一个贫穷，一个富裕。有一天，穷和尚对富和尚说："我想到南海去，你看怎么样？"富和尚说："你凭借什么去呢？"穷和尚说："我只用一个水瓶、一个饭钵就足够了。"富和尚说："我多年来一直想租条船沿着长江而下，可是一直到现在还没做到呢，你凭什么去?!"第二年，穷和尚从南海归来，把去过南海的事告诉富和尚，富和尚深感惭愧。

摘引自《小故事　大启示》

1952年起，我负责编辑《人生杂志》，前后有六年之久。记得有一次，发行人东初法师说过这么一句话："钱，用了才是自己的!"这句话使我终生受益无穷。

从小我就在贫苦中长大，因为没有钱，养成不购买的习惯，甚至不积聚的习惯。这个习惯，对我的一生帮助很大，我一生的佛教事业都从这习惯而来。因为我没有钱，我不积聚钱，但我非常会用钱。有钱是福报，会用钱才是智慧。

1951年，我在台湾佛教讲习会担任教务主任，台湾省佛教会发给我新台币五十元的月薪，对于一般人而言，这是一笔微乎其微的数目，但是，因为我从小在丛林中长大，养成不贪不聚的习惯，五十元对我来说，也算是很多了。我每个月拿这笔钱为教室校舍添置教学设备，为贫苦学生购买文具用品以后，几乎身无分文，但是眼看莘莘学子在佛学上有所成长，能为教界所用，常常感到非常欣慰，这不也是一种宝贵的财富吗？原来，"钱，用了才是自己的！"

过了两年，我到了宜兰念佛会，每月有新台币三百元的供养，我觉得自己实在是太富有了！当时，基督教十分盛行，于是，我拿出一百五十元购买银质的"卍"字项链，与前来听经闻法的青年佛子结缘，希望他们能挂在颈上，代表自己崇高的身份，好让世人知道：不但有人佩戴十字架的项链，也有人以挂佛教项链为荣。另外的一百五十元，我则用来订购一百份《人生杂志》供信徒阅读。

1954年，每月的供养金提升为六百元，我就各拿出一百五十元补助张优理（慈惠）、吴素真（慈容）等三人到台中接受幼教师资训练，其余的一百五十元则用来资助演慈等就读汐止佛学院。我每月如是，后来，随我学佛的青年有增无减，阅读《人生杂志》的信徒跟着我到处传教，学习幼教的女青年则回来帮我办理佛教幼儿园，为寺院道场服务。我更进一步地了解到："钱，用了才是自己的！"

1956年，我放弃了日本大正大学博士班的入学机会，将这笔开销节省下来，帮助青年设置"佛教文化服务处"，发起佛教徒购书读书运动。甚至后来供慈庄、慈惠、慈容、慈嘉、慈怡等人赴日留学，当年正是经济最为拮据之时，很多人都笑我是个没有财务头脑的傻子。结果，事实胜于雄辩，他们在学成归来后，均以所学奉献佛门。几十年来，我不断地资助年轻佛子念书求学，甚至到国外参学，现在他们都陆续成为佛光山的中坚分子。这些都一再证明了"钱，用了才是自己的"是一句至理名言。

普通家庭不过三五儿女，其教育费用就已非常吃力，而我目前不计算在家弟子，光是随我出家者即不下千人，我办了六所佛学院供他们念书，负责养他们教他们，尤其是数十名徒众在英国牛津、美国耶鲁、天普、加州，法国巴黎，日本驹泽、佛大、大正、东京，印度国际，韩国东国等大学的留学费用，更为可观。此外，为了增广弟子的见闻，我还鼓励他们到国外旅行参学，每年所费不赀。我从不叫穷，也不为难，因为我认为，不播种，就没有收成；有钱不用，纵使积聚再多，也不是自己所有。

"钱，用了才是自己的!"尤其是用在培养人才上，我一点也不吝惜，但是，布施金钱给人，最难的是公平恰当。记得早期随我出家的青年，来自的家庭有贫有富，所需不一，所以，我就把钱置于一处，随其自取，我认为让他们各取所需才是真正的平等。

回忆自1953年起，出外布教都在露天广场，装一盏临时电灯要十二元，请一个人打锣宣传要十五元，还有其他的文宣、交通费用等，对于当时财源有限的我来说，实在是非常困难。然而，有感于弘法利生的重要，我无惮于捉襟见肘的日子，常常系紧裤带，饿着肚皮，到各处广结法缘。我曾多次在台湾环岛布教，我出钱在电台广播，我第一个购买电视时间，让法音宣流，十年如一日。

如今台湾佛法普及，岂不是当年遍撒各地的菩提种子开花结果了吗？我们不要怕花钱，因为，"钱，用了才是自己的!"

在编辑《人生杂志》时，我据理力争，建议将本来的篇幅由二十页增加至二十八页，以飨读者，发行人要求我补贴多加八页的费用，我没有钱，但也硬着头皮答应，从此每日更加省吃俭用。花钱还是小事，我往往因为社内编校仅我一人，只得日夜焚膏继晷，绞尽脑汁，改稿撰文，增添的篇幅也成了我写作的园地。《释迦牟尼佛传》《玉琳国师》都是我那时的作品，久而久之，竟然也磨炼出我会写文章的笔来。佛教讲布施，看来好像是给人，实则是给自己。如果当初我吝于出资，也就无法培养自己敏锐的觉知与思考的能力。现在想来，真正是"钱，用了才是自己的！"

有了写作的习惯，我更发奋笔耕，在各书报杂志发表文章，每次以所得稿酬买了千百份小纪念品送给信徒。我并非好施小惠，我不望回报，只想以此广结善缘。后来，有许多学子受了我的鼓励，前来学习佛法。而卖纪念品的小贩也发了小财，在买卖之间，受到佛法的熏习加被，而自愿皈依在三宝座下。后来，台湾到处有佛教小纪念品的流通处，这些都是我始料未及之事，于此，更印证了"钱，用了才是自己的！"

我不但编辑杂志，还自掏腰包购买佛教书刊给信众阅读，《菩提树月刊》《人生杂志》《觉世旬刊》，及台湾印经处和瑞成书局的佛书，都是我常与人结缘的礼品。我希望大家多读多看，以便思维与佛法契合，成为佛教的正信弟子，作为净化世间的一股清流。果然，当年受我馈赠的青年，今天都能在佛教界走上讲台，发挥自身的力量。我深深地感到：少少的钱，成长了佛教如许的花果。诚然，花钱不光是买自己的所需，最好能买取智慧，贡献大众。

还记得二十六年前，叶鹏胜的父亲以做僧鞋为业，卖价一双三十元，但是我都以四十元跟他购买；经常往来高雄和台北，在中途彰化吃午餐，小面店里一碗一元五角的素食阳春面，我都付给五块钱。人皆怪之，我却感到理所当然：因为那时佛教事业并不普遍，身为佛子，我只是想尽一份微薄的力量，期能抛砖引玉，鼓励商人多从事有关佛教的事业，如此一来，不但商人可因佛教而受惠，也便利了佛教徒购买佛教用品，方便大家吃素，岂不一举两得？

我常到香港，香港的出租车经常拒载出家人，我若乘坐一次，都以双倍的车资给他，希望能改变风气。后来，我更将这种理念扩及到一些贩夫工商，例如我到澎湖去布教，往往买了一大堆当地居民兜售的小石子，回来之后，却不知道如何处理是好；我到“泰北”去弘法访问，在小摊子边徘徊良久，左看右看，都没有自己欢喜的东西，只得给每个摊贩泰币一百元，一百多个摊贩都用奇异的眼光看我，我只是实践我“小小布施”的心愿。

率团出国，观光名胜，我也总是率先购物，俨然一副采购团团长的模样。其实我自奉甚俭，并不需要那些纪念品，只是我知道，随行的信徒看到我买，就会跟进，让他们跟那些小贩结缘，也是好事。甚至我组织弘法探亲团到大陆时，看到徒众与商家讨价还价，也会被我斥责，因为我知道那些东西索价是高了一些，但他们的生活那么贫苦，我们怎么忍心还价？

我没有购买的习惯，但要买时，从未想买便宜货，总怕商人不赚钱。我以为，本着一种欢喜结缘的心去消费购买，将使商人因经济改善而从事产品质量的改良创新。钱，与其购买自己的方便，不如用来购买大家的共有、大家的富贵。如此一来，"钱，用了才是自己的，也是社会大家所共有的。"

1963年，我创办寿山佛学院，免费供应膳宿给学佛的青年。于是，我节衣缩食，以便支付巨额的教育费。不长于经忏佛事的我，也甘愿到殡仪馆诵经，替丧家通宵助念，并且费心于各处张罗师资。此外，我一有了红包，即设法添置设备：一次购买一两张椅凳，三四本图书，点点滴滴累积下来，教室就这样一间间增多了，图书馆也成立了好多间。我不以为这是一种负担，因为我始终觉得是为大家买的，而不是为个人买的。"钱，用了才是自己的！"想来也不过是向来"以众为我"性格的延伸。

二十年前，慈济功德会刚成立时，我也刚在佛光山开山，即曾以十万元赞助。就在那时，听说台中有一位素未谋面的青年硕士欲至日本攻读佛学博士，唯囿于经济困难，无法如愿，我立即亲自送了十万元到他府上。甚至我多次资助青年学者到国外游学，以增进其阅历……像这种补助文教慈善之事不胜枚举。如今，我看到慈济功德会蓬勃发展，青年学者在佛教学术界占有一席之地……他们的成长促进了佛教的发展，心中也不免欣喜。只要我们能以"享有而不拥有"的观念来理财，自然能时时分享到"钱，用了才是自己的"的乐趣。

1950年，煮云法师从舟山到台湾，我将刚裁缝好的一件长衫送给他，从此，我在圆光寺一袭短衫，过了两年。早年开山时，万般困难，某法师向我借八十万元，念及他是长者，我也尽力筹措，后来知道他只是为了试试我的为人，心中也有不满。我多次率团到日本开会，团里的法师要求我替他们出旅费，当时，我自理都稍有困难，遑论顾及他人，但我还是多方设法满足所需。过去一些同参朋友在台湾生活得不如意，即使曾经对不起我，我也不念旧恶，时予资助解困。一些潦倒文人也常向我要钱，我也尽己之力，顺应所求。平日看到别人不慎遗失钱财，一副焦急的模样，自然会升起恻隐之心，还自愿出钱帮助，解决困难……

我不富有，但肯散财，我不曾因此而贫穷，"钱用了"，只要大家能各得所需，"如同己有"，夫复何求？只是有些厚颜之士，往往狮子大开口，索资数万乃至百万，虽说钱是用来消灾解难的，但我不愿给予，因为金钱是"净财"，不能让它成为"赃钱"。

我于各处弘法时，常常留心佛教文物的搜集。早期迫于经济穷困，往往在旅行中省下饭钱，以充购买之资。为了节省运费，我总是忍受手酸腿麻之苦，千里迢迢亲自将佛像捧回，甚至因此遭受同道讥议，认为我是在跑单帮，经营生意，我从不加以辩解。

1983年，我在佛光山增建"佛教文物陈列馆"；1988年，我在美国西来寺建了"佛教宝藏馆"；现在，我又为巴黎古堡道场搜集佛教法物。所有这些馆内的一品一物，无不是我多年来苦心的搜集所得。虽然成立以来，年年均因维护费用的庞大开销而入不敷出，但是，从来宾赞许的声音及眼神，我更肯定了多年来的信念："钱，用了才是自己的!"看似冰冷的文物,实则蕴涵了无比丰沛的生命,以其简洁有力的方式,无言地宣说了佛教悠久丰厚的历史、文化、艺术,这种带给人们精神上的建设,才是无价的财宝。钱财,不只是用来满足物质上的需要,更应该用来庄严众生的慧命。

三十五年前,曾经有一个贫穷的小女孩,因人介绍,前来找我,表示要跟随我学习佛法。那时,我自己托身何处都感困难,只有婉言拒绝,但在她临走时,我又非常不忍,当下即掏出身上仅有的五十元相赠,以为她另寻佛学院,作为学道之资。没想到三十五年后的今天,她居然以十万倍的捐款作为报答,并且护法护僧,不遗余力。她,就是素有"黄仙姑"之称的黄丽明居士。对于此事,她津津乐道,而我更加确定"钱用了",不但"是自己的",而且还有百千万倍的利息。布施金钱,不是用来买一份虚名,不是在于数目的多寡,而是以一份诚心来赢得自己的欢喜和自己的心安理得!

我不但布施他人,也常常周旋于弟子徒众间,解囊纾困:佛光山单位与单位间有时或因权责问题,或因财务困难,或因立场不同,而对某些需要用钱的个案争论计较,我知道后,一句"我出这笔钱",自能化干戈为玉帛。佛光山多年来平安和谐不也就是我自己的收获吗?因此,我始终坚持:"钱,用了才是自己的!"

因为我有这种"钱,用了才是自己的"的理念与不储财的性格,佛光山也一直本着"十方来,十方去,共成十方事"的宗风来安僧办道。多年来,不但未曾有些许盈余,反而负债累累,虽然日日难过,但也日日过去,倒也相安无事。佛光山没有人抢着去当当家住持，争着去管理财务，大家凭着一股牺牲小我的精神来服务社会，奉献众生，说来也是我的福气，比拥有金钱更具有意义啊！

反观滔滔浊世中，一些人坐拥财富珍宝，出入汽车洋房，一旦死后，尸骨未寒，不肖子孙即为分配财产而争论不休，生前的所有钱财不但带不走，尚且形成后世的祸源，宁不悲乎？还有一些人，汲汲营营，贪图小利，放高利贷，招人标会，于金钱之积聚无所不用其极，到头来倒债倒会，一生的辛苦还是归为别人所有，宁无悔乎？佛陀在二千五百年前即已说明：财富是五家所共有——水火、刀兵、盗贼、暴政和不肖子孙，因此教我们要布施结缘。有一首诗将这些情况描写得十分贴切：

> 一粒落土百粒收，一文施舍万文收。
> 与君寄在坚牢库，汝及子孙享不休。

过去有好长一段时间，我一文不名，但是我从不自认贫乏，反而觉得世间处处都是财富：一句好话、一件好事、一个方便、一点友谊……都是弥足珍贵。后来我有了供养，只以为这是宿因所现的福报，实不足为道，反而深深感到，金钱如水，必须要流动才能产生大用。渐而体悟到：如何用钱是一种甚深的智慧。而用钱最好使大众都能获得取之不尽、用之不竭的般若宝藏，才能使自己永远享有用钱的快乐。所以，我深深觉得：拥有钱是福报，会用钱才是智慧。

星云日记

> 我用钱的观念永远是：应该用的我会万金不惜，不该用的我则一毛不拔。

布施之道

"给人信心、给人欢喜、给人希望、给人方便"，这十六个字，不只是佛光人的工作信条，也是领导者必须谨记在心的。能"给"，代表心中有无尽的能源宝藏；肯"给"，才是一种宽厚无私的度量。不过，许多主管喜欢部属言听计从、毕恭毕敬，甚至以磨人为乐，借此展现自己的权威。其实，领导者能融入大众，"以身作则"是非常重要的。

佛教讲"未成佛道，先结人缘"。人在世间生活，要靠许多的因缘成就才得以生存，所以平时要与人广结善缘。结缘之道，首在布施。布施不一定要捐输金钱财物。有的人虽然身无分文，但是一个真挚的笑容，可以令人生起信心；一个随手的帮忙，可以济人困难危急；甚至与人为善、一句赞美、一瓣心香等，都是殊胜的布施因缘。

布施、结缘是人间最美好的事。《大乘理趣六波罗蜜多经》中说：布施能令众生安乐，是最容易修习的法门，有如大地一样，一切万物都依之生长，所以六度、四摄都以布施波罗蜜为上首。

布施可分为"有相布施"与"无相布施"两种。有相布施，指世间上一般人心希果报，执著人我的布施，所以又称为"世间布施"。此种布施只能得到有漏的人天福报，报尽又再堕落，所以不是究竟的布施。无相布施则与有相布施相反，在布施时，能体达施者、受者、施物三者当体皆空，而无所执著，因为能超越世间的有漏烦恼，所以称为"出世间布施"。

佛教分有世法、出世间法，世法牵涉社会、群众、法律、道德、人格等问题，在社会上以不正当的手段取得财物，就是违法，必须负起刑责。而以非法所得来布施，佛教称为"不净施"。

佛教讲"净财""善财"，这是合法的财富，净财越多越好，有净财才能从事各种弘法事业，有净财才能布施结缘，但有的人以不当的所得来布施，例如"劫富济贫"虽然不好，但总比不救济好，再说布施是当下的一念善心，虽然抢劫财富不足效法，但布施的一念善心，或是一念惭愧之心，也不能说不可贵。

不过若要穷究以非法所得来布施的功过如何，只能说布施时依施者、受者、施物等来"心田事不同，果报分胜劣"，问题十分复杂。一般正常而如法的布施，要衡量自己的能力，在不自苦、不自恼的情况下量入而为。现在社会上有很多富有的人，他们不知道布施种福田。但也有一些贫穷困苦的人，为了面子而强作金钱布施，这些都不是佛教所希望的。甚至有些人学佛，由于不合理的布施导致家庭失和。譬如先生或妻子信佛以后，经常到寺院发心，布施做功德，却不管家里的生活，这样很容易造成家庭失去平衡、快乐，这都是不合理的处理钱财的方法。

其实布施也不一定要用金钱，只讲金钱的布施也是不合理的。本省有些信徒的信仰方式很值得商榷，他们说起来的确很发心，跑这个寺院布施一点，跑那个寺院又布施一点。有一天，金钱没有了，哪里也不去了，因为"钱用完了，没有钱不好意思到寺院去"。这种信佛的态度是不正确的。佛光山的所有道场，从台湾省的北端到南部，从国内到国外，很多信徒都是一信就几十年，从来没有听说因为没有钱不好意思到寺院来。因为信佛不一定要用金钱布施，比金钱更重要的，是心香一瓣，随心、随力、随喜的布施才是最重要的。信佛要真实，不必打肿脸充胖子。更不能为了信仰反而导致家庭分裂，这在佛法来讲，都不是"正命"的生活。所以佛光山不募"不乐之捐"，而且主张要"储财于信徒"。

佛法讲布施，其实就是物我一如，同体共生的宏观，我的财物可以与人共享。布施，表面是"舍"，其实是"得"。没有舍去我们内在的悭贪，怎么得到无有恐惧的自在？无求的布施令我们所行纯净，端严高贵；无悔的布施令我们身心清净，人格升华。

布施结缘就像深井汲水，你越舍得提起一桶水给人灌溉，给人饮用，井里的水就越是源源不断。所以人生不要只看到黄金白银，比黄金白银更宝贵的还有布施的温暖、结缘的感动。布施不是有钱人的专利，布施贵在发心的真伪。布施如播种，要有拔济奉献的精神。布施财富除了要不自苦、不自恼，而且要不勉强、不比较、不计较，要能做到随喜、随缘、随分布施，如此才不失布施的真义。

星云日记

　　社会上一般人布施的心态是你无我有，佛门的布施则是一种平等的给予，尊重对方并给其机会种福田，在三轮体空的无对待下，不觉得是给对方，而是给自己。学习菩萨布施是不容易做到的，如何学布施？微笑、点头、招呼、举手之劳、见施欢喜，也是一种布施，还要学习观世音菩萨的施无畏，让大众和道场因为有我的承担而无所畏惧。学佛不一定要有钱，有心才重要。如果用学历来譬喻，出钱是小学程度，出力是中学程度，出口讲好话是大学程度，出心是研究生的程度。

另类的财富

第五辑

我们眼睛所看到的万事万物都是财富，我们的耳朵听到的万事万物都是财富。我们的嘴巴能说好话、赞美人、讲道理，这是财富；我们的双手能劳动服务、创造财富，双手也是财富；我们的头脑能够思考，也是财富。但我们最大的财富，还是心。心如同储存财富的银行，是一片净土世界，里面有着慈悲、欢喜、思想。

心宽大如世界，包容万物。

金钱不是万能

世间的财富不止一种

真正的财富

财富不一定从外而来

大家都是"富贵"人

学会管理自己就是财富

人间到处是财富

心中安稳才是救济

男人光赚钱还不够

给人吃饭

慈悲行之永恒

最彻底的慈善事业

出家人要钱做什么

创造财富靠的是内心

人间的义工

金钱不是万能

有位孤独的老人，无儿无女，又体弱多病。他决定搬到养老院去。老人宣布出售他漂亮的住宅。购买者闻讯蜂拥而至。住宅底价8万英镑，但人们很快就将它炒到了10万英镑。价钱还在不断攀升。老人深陷在沙发里，满目忧郁，是的，要不是健康情形不行，他是不会卖掉这栋陪他度过大半生的住宅的。

一个衣着朴素的青年来到老人眼前，弯下腰，低声说："先生，我也好想买这栋住宅，可我只有1万英镑。可是，如果您把住宅卖给我，我保证会让您依旧生活在这里，和我一起喝茶，读报，散步，天天都快快乐乐的——相信我，我会用整颗心来照顾您!"

老人颔首微笑，把住宅以1万英镑的价钱卖给了他。

摘引自《小故事 大启示》

一个人千辛万苦地聚集了许多财富，当老病死亡来临的时候，他望着仓库里的金银财宝，慨叹地说：金钱财宝呀！现在你们能帮助我不死吗？所以，金钱可以买到很多的妻妾奴隶，但是不能买到身体不死。也有人说——

> 金钱可以买到化妆用品，但是买不到高贵气质；
>
> 金钱可以买到美丽衣衫，但是买不到身形庄严；
>
> 金钱可以买到珍馐美味，但是买不到食欲健康；
>
> 金钱可以买到宽广大床，但是买不到甜美睡眠；
>
> 金钱可以买到高楼大厦，但是买不到崇高道德；
>
> 金钱可以买到书报杂志，但是买不到聪明知识；
>
> 金钱可以买到器皿家具，但是买不到欢喜满足；
>
> 金钱可以买到酒肉朋友，但是买不到患难知交；
>
> 金钱可以买到多数选票，但是买不到真正人心；
>
> 金钱可以买到公司银行，但是买不到般若智慧；
>
> 金钱可以买到人呼万岁，但是买不到合掌尊敬；
>
> 金钱可以买到高官厚爵，但是买不到成圣成贤。

我们看到多少富商巨贾，家财万贯，一旦撒手离世的时候，留下多少金钱造孽，甚至留给儿孙争财阋墙。多少人为了金钱诉讼司法，多少人为了金钱反目成仇，所以金钱究竟是好是坏呢？当然，金钱用之善处，可以成为净财；用在非法，反而成为业障。所谓"法非善恶，善恶是法"，金钱本来并无所谓好坏，但我们接触运用得当与否，就有建功与造罪之别了！

其实，世间上不应该只贪图个人的财富，应该要创造共有的财富；天地日月、大地山河，都是我们共有的财富。为什么我们不能学习日月天地，和人间分享我们的财富呢？

金钱之外，慈悲是我们的财富，般若是我们的财富，惭愧是我们的财富，感恩是我们的财富，信仰是我们的财富，道德是我们的财富。我们能把有形的财富和无形的财富，都能与人分享，那么不管内财也好、外财也好，不论私财也好、公财也好，所有的财富就都能融合地共同运用了！

星云日记

社会太注重金钱，养成大家唯利是图，不讲究道义的习性。其实人生除了金钱以外，还有很多重要的东西，如慈悲、仁义、欢喜、真理、信仰、信用……这些都是财富，而金钱的能耐毕竟有限，鼓励大家重义轻利来净化社会人心。

世间的财富不止一种

一炷清香不如一瓣心香，一束鲜花不如一脸微笑，一杯净水不如一念净信，一串念珠不如一句好话。

财富种类多，金钱仅其一

财富不一定只指金钱，金钱只是财富的一种。世间的财富不止一种，有外在的财富，也有内在的财富；有被染污的，还有清净的；有有形的，还有无形的；有私有的，还有公有的；有前世的，还有来生的种种财富。

父母把我们生养到世间，让我们能眼看万事万物，耳听各种声音，口说好话讲道理，双手劳动服务，头脑思考计划，这就是我们的财富。心好比工厂，只要不给烦恼染污，就是净土世界、无尽宝藏。而心里的慈悲、欢喜、思想越宽大，就能包容越多的财富。

拳头用来打人是犯罪，但是用来捶背，人家会感谢。世间财富到处都有，端看我们用什么力量去找到需要的财富。只要拥有健康、人格、道德的财富，父母、亲人、老师都会感到欢喜。

种善因善缘，才能结善果

常有人问我：好人善良，但是贫穷；坏人欺世盗名却发财，因果在哪里呢？财富有从过去生带来的，就好像我们存在银行里的存款。虽然今生是好人，但是过去生没在银行累积存款，所以无法从银行取钱来用。反观银行里有存款的坏人，虽然作恶多端，银行也不能不给他钱。

世间一切都是因缘所生，好心是因，但还要加上缘，才会有果。要这么收获，先那么栽种。不能错乱因果，就像石头要沉到水底，你却祈求诸佛菩萨让石头浮起，或是希望漂浮在水面上的油能沉下去，这些都是不合因果的。国际佛光会提倡"身做好事、口说好话、心存好念"三好运动，即是鼓励大家造善业。

管钱管事易，管自心最难

我们常怪别人不听话，其实最不听话的是自己的心，只要学会管理自心，就是财富。世间有种种管理，管钱、管事都容易，管人较难，因为人有意见。但管人也还容易，管心困难，尤其是管理自己的心最难。

现在有些失业者怪国家、怪社会，怪别人是不公平的，要想想自己的条件、本领准备好了没。将来怎样给人接受，现在就要学有专长，把勤劳、诚实、忠心、认真、正派等十八般武艺学起来，人家就会接受，这就是自己的财富。

现在社会天灾不断，其实天灾有限，人祸才是无穷。社会应该讲和谐，和谐不是大家都一样，而是异中求同、同中存异，就像五官各司其用，和谐就美，五脏各司其职，和谐就健康。这个世间是一半一半，不只是顾念自己，还要顾念大众，均衡就能理事融和。

广行菩萨道，需有心愿力

太阳温暖大家，但没有减少。要人忙心不忙，没有得失，没有功名利养。人要有使命感，尽其心。从小，父母养育我们、师长教导我们、社会给我们因缘，我们才能存活在这个世间，彼此都有相互的关系，必须回馈世间。望大家先充实心里的能源，只要发挥内在的能量，不必靠外来的力量，自然就会成长。人要行菩萨道、学习菩萨发心，要有"舍我其谁""享受牺牲、牺牲享受"的愿力，就算世间如污泥，也要勉励自己做莲花，不要抱怨。

星云日记

自己多欢喜：有欢喜心才合乎佛法，才合乎做人的意义。一个人在世间一年一年地过去，如果活得不欢喜那有什么意思？"欢喜"是佛法，欢喜是财富，有欢喜才能安住身心。如何做到欢喜？不管见到什么人都很欢喜，不管做什么事都很欢喜，不管在哪个地方都很欢喜，不管读什么书都很欢喜……能有越多欢喜，表示心中越有佛法，越有成就。保持欢喜的方法是：凡事皆生欢喜心。

真正的财富

神父在主持的一个婚礼上，手中持一张崭新的百元钞票问大家："在场有人想要它吗？"没有人出声。神父说："不用害羞，想要就请举手。"全场大约三分一的人举起手。

神父接着将那新钞揉成一团后，再问："现在是否有人想拥有它？"仍然有人举手，但少了差不多一倍。

神父又将那钞票放在地下，踩了几下，拾起来，再问大家："还有人想拥有它吗？"

全场只有三四人举手。神父请了一位男士上台，把一百元给了这位男士，说："这位男士是三次都举手的。"当全场大笑时，神父示意大家安静，向新郎说："今天这美丽的女士，就如一张崭新的百元钞票，岁月加上辛劳，会使她苍老，就如残破的一百元纸钞一样，这也许会令起初宠爱她的人变了心。而事实上，一百元仍然是一百元，它的价值是完全没有改变的。希望你可以像那位男士一样，懂得真正的价值和意义，别被事物的外表蒙住眼睛。"

摘引自《小故事　大启示》

我说的财富和社会上大家讲的不太一样。比如学问便是我们的财富。上次我讲般若，说它是智慧，也是财富。世界之大，哪些不是我们的财富呢？现在的社会不应一切向钱看，应该向智慧、慈悲、劳动等看。我们的内心就是我们的财富，我们需要不断发掘这种财富。

其实不应该把佛看成神。释迦牟尼佛就是个教育家，他倡导教育，认为教育就是让人觉悟，人悟道了，觉醒了，教育就成功了。"净土"，就是让现实世界更美好，它就在我们心中，让我们的心不受到污染。人世间，凡事都求和谐。比如夫妻结婚，男女之间要相互调和才能和美。理想和现实矛盾的时候迁就哪个？我认为两者一半一半。世界万物都是这样，要众愿和谐、均衡，才能成事。太阳温暖了大家，但自己没有减少什么。关心国家和社会，是一种责任感。人忙心不忙，自己并没有得失。比如我自己，今年八十多岁了，我关心社会，凡事尽心竭力，就是一种使命感，没有任何功名利益在里头，就不觉得辛苦。

世间如污泥，勉自己如莲花。活在世上，社会我要帮忙，灾难我要救济。日本特大地震中，一个十多岁的孩子失去了父母还忙着救灾，很让人感动。对国家、民族、同胞，不能没有心。不关心社会，那不是清闲。要有舍我其谁的愿力，享受牺牲，享受奉献。

五千年中华文化中，"和谐社会"都是个目标，是个标杆。我认为"和谐社会"和"改革开放"的价值同等重要。佛教很重视和谐。我们穿的衣服，无论红的、黑的，只要和谐就很漂亮；我们的肠胃只有和谐，才会健康；做的饭菜，口味和谐才好吃。和谐是中华文化的传统，和谐发展才能共同繁荣。

慈善人人都应做。陈光标好名，为了名声去做慈善，所以有批评的声音，但毕竟是在做好事，我认为不应该批评。批评者自己应该想想，你做善事了吗？从这一点上，你还不如人家呢，不够格批评人家。活着首先要有生命。一只动物，你爱护它，它能活几十年。你不爱护它，它可能就活几个月，这就是生命。人也是这样。人的生命是父母给的，社会成就了我们，所以我们要回馈社会，为国家、为社会服务。活着真好，活着是最有意义的。像我这一生，二十岁出来服务，这六十多年来没有放过假，因为我们不能忘记责任。

星云日记

金钱会流失，名位有上下，真正的财富是健康、般若、智慧、平安、信仰。

财富不一定从外而来

想要有前途、有成就，就看我们的发心有多大，因为发心里面有力量，发心里面有欢喜，发心里面有财富，发心里面有人缘。

摘引自《如是说》

人生最大的欲望就是财和色，撇开色不谈，大部分的人都期望得到财富。一般人认为的财富，都是金钱、珠宝、土地、有价证券等。但是拥有这些有形有象的财富，不一定对自己有利。比方钱多了，人为财死；珠宝多了，容易被抢；土地多了，恶霸侵占；股票多了，政治干扰。更何况今日万贯家财，来日穷途潦倒，也不是没有可能。若真正到了这一天，哭天喊地也无济于事，所以人生除了拥有外在的财富，最重要的是拥有内在的财富，诸如：

一、智慧。智慧是别人抢不走的财富，举凡知识丰富、思想宽广、计划完备都属于智慧。金钱乃身外之物，总有用尽的一天。智慧是内在的资粮，可以不断累积。它是我们的财富，有了智慧，生活处处见生机；有了智慧，我们就能实现自我的理想；有了智慧，何愁万事不成？

二、慈悲。"慈能与乐，悲能拔苦"，救苦救难即是慈悲。慈悲是用不完的，慈悲心是不断增长的，只要我拥有慈悲，也肯给人一些慈悲，慈悲就是我的财富。

三、道德。道德也是我们的财富。儒家的八德——"忠、孝、仁、爱、信、义、和、平"是我们的财富，童子军的三达德"智、仁、勇"是我们的财富，佛教的"八正道"更是我们的财富。一个有道德的人，其正派的形象必然处处受人欢迎。

四、健康。所谓"知足第一富，无病第一利。"纵有万贯家财，没有健康的身体，财富与我何干？失去健康，就没有了一切，所以健康就是财富。

五、满足。满足就是我们的财富。一个人即使拥有再多的钱财，不能满足，还是穷人一个。如果能满足，大地山河是你的，日月星辰是你的，阳光、空气、水也都是你的。你能满足，就是一个富者。

六、欢喜。欢喜就是财富。有时儿孙满堂，不见得就有欢喜，因为难保不会出个忤逆的儿孙；纵使金银财宝满仓库，也不见得欢喜，因为会担心被人偷走。真正的欢喜不是来自外在的辉煌成就，而是发自内心的喜悦，那才是心中真正的欢喜之财。

七、心宽。一个人心量大，凡事就能想得开，生活也就没有罣碍。所以，心宽怎么不是财富呢？

八、禅悦。生活不能光靠物质来满足自己，还要有精神上的禅悦法喜，才是莫大的享受。禅悦法喜是公修公得、婆修婆得，你修得了，它就是你的财富。

九、自在。生活自在、居家自在、交友自在、工作也自在，观境自在、观心自在，处处都能自在。"自在"是再多的钱财也比不上的财富。

十、平安。平安是最大的财富。人自呱呱坠地后，最先感到需要的就是平安。人生会有恐惧，就是感受到外在的不安。人生会有颠倒妄想，不外是想要得到安全感。因此，若能得到平安，也就心无罣碍、意不颠倒，凡事也就不贪恋了。

财富不一定从外而来，我们的心就能制造财富。人是万有的主人，你可以开发万有的能源吗？你能发大心，你能开启愿力，你能悲智具足吗？如果你能做到，你就是一个精神世界的大富翁了。

星云日记

在转型期的今日社会，大家应建立的共识：

一、保有心外的财富，更要保有心内的财富。

二、拥有都市的生活，更要拥有山林的生活。

三、提倡慈善的事业，更要提倡文教的事业。

四、掌握有形的资源，更要掌握无形的资源。

大家都是"富贵"人

有个老木匠准备退休，他告诉老板，说要离开建筑行业，回家与妻子儿女享受天伦之乐。

老板舍不得他的好工人走，问他是否能帮忙再建一座房子，老木匠说"可以"。但是大家后来都看得出来，他的心已不在工作上，他用的是软料，出的是粗活。房子建好的时候，老板把大门的钥匙递给他。

"这是你的房子，"他说，"我送给你的礼物。"

摘引自《哲理故事三百篇》

人人都希望发财致富，但是聪明的人应该知道，不是拥有金钱、股票就是富者，世间其实有很多另类的财富，只是一般人不容易体会，如果人人都能体会到另类的财富，则世界上没有穷人，大家都是最富有的贵人。例如，我们游走大地山河，大地山河就是我们的财富；我们看到日月星辰，日月星辰就是我们的财富；我们游览公园、博物馆，公园的风景，博物馆的收藏，我们享有它，它不就是我们所拥有的财富吗？

自古以来，人类自耕自食，自织自衣，有时不求助于人，也不会感觉缺少什么。所以，财富用现在的物质来比较，有贫富之别，如果在另类的财富里，大家都是平等的。举例说，我们有气质，气质不是财富吗？有气度，气度不是财富吗？有诚实，诚实不是财富吗？有惭愧，惭愧不是财富吗？有信仰，信仰不是财富吗？家庭和谐、社会名望，不都是吾人的财富吗？以下再举另类的财富数事，以为佐证：

一、欢喜。金银财宝再多，股票再多，如果不欢喜，人生也没有意义。拥有欢喜，不是人生很大的财富吗？

二、健康。吾人拥有良田华厦、妻妾佣仆，但是终年疾病缠身，这样的人生也快乐不起来，所以有健康的身体，双手能动，双脚能走，双眼能看，双耳能听，健康就是我们的另类财富。

三、信仰。我信仰自己心里有无限的宝藏，我信仰佛国净土未来可以居住。我信仰因缘果报，就能改善我的命运；我信仰勤劳努力，就能发财致富。信仰可以安慰我的心灵，改善我的贪欲，增加我的满足、自在，肯定我的节省、淡泊。说信仰是吾人的另类财富，一点也不为过。

四、满足。世间有形的物质，包括黄金美钞、有价证券，再多也不会满足。不满足，你拥有再多，也只是一个有财富的贫穷人。相反，虽然不是很有钱，但有满足感，时时都觉得自己日用很充足、心理很欢喜，这才是世间真正的富人，所以满足是另类的财富。

五、感恩。不知感恩，表示自己贫穷；常怀感恩的人，因为他的心中很富有。我们看到世上有一些人，慢慢发财致富以后，他会回想过去帮助他，让他有机会发财的恩人，所以心生感恩，用种种方法回报恩人。有人说"施比受更快乐"，这说的就是感恩是财富的道理。

六、惭愧。惭者，对不起自己；愧者，对不起他人的意思。惭愧心是任何人都有的宝贝。做儿女的，惭愧自己对父母不够孝顺，对朋友帮助不够；为人父母者，惭愧自己不能让儿女受高等教育，不能使幼小儿女得到童年应有的欢乐。甚至自觉愧对国家、社会，愧对世间的有缘人。能生起惭愧心的人，就会想要回报，就会成为富有的人。因为惭愧自己对不起他人，这种观念本身就是另类的财富。

另外，像慈悲、明理都是另类的财富，以及自己的道德、人格，在社会中的名望、家庭的和谐等，也都是人生无价的另类财富。

星云日记

一个人的身体有生、老、病、死，故色身的长短并不重要，重要的在于慧命的永恒。平时在家求发财，到道场来礼佛，则要求内心的法财。法财之最基本受用在于满足，虽无钱，但内心很欢喜；虽无官位，但能随喜赞叹；虽不能拥有，但能处处享有……又法界的亲友，不如修道的伴侣。如念佛，佛就是我的；念法，真理就是我的；修行，法乐就是我的……诸佛菩萨无一不是我们的亲友。

学会管理自己就是财富

修身修口修佛心，修自修他修人我，
修时修地修密行，修福修慧修禅净。

摘引自 《佛光山菜根谭》

我们眼睛所看到的万事万物都是财富，我们的耳朵听到的万事万物也都是财富。我们的嘴巴能说好话、赞美人、讲道理，这是财富；我们的双手能劳动服务、创造财富，双手也是财富；我们的头脑能够思考，这也是财富。但我们最大的财富，还是心。心如同储存财富的银行，是一片净土世界，里面有着慈悲、欢喜、思想。心宽大如世界，包容万物。

说到财富，人们不应该只向钱看，因为钱只是财富的一种。就像拳头，用来打人就是犯罪，用来替人捶背却能得到感谢。要将染污变为善财、净财。

如何看财富？享用财富比拥有财富更好

谈到财富，我认为享用比拥有更好。你有钱，你建大楼、百货公司，我没钱、不能建，但是我可以来逛、来买东西。你建公园，我可以到公园里散步；你去买台电视，我可以站在旁边看；别人种的花开了，我们也可以欣赏。不一定要占有，但可以享有。

不要把宗教当做保险公司。你想身体好，需要常常做保健、做运动。你想发财，也不能指望求神拜佛，因为神明不是经纪人。无谓的祈求是不当的。正如石头要沉到水里，你却要祈求让石头浮起来，这是不合因果的。有财富是福报，会用才是智慧。

管财富容易，管事也还容易，管人比较麻烦。其实，别人只是有时不听我们的话，而最不听我们的话的恰恰是我们自己。学会管理自己就是财富。

如何得财富？结人缘让别人接受自己

内地富商陈光标高调行善，引起很多批评，认为他是好名。但我认为，他不值得批评。很多批评者自己又是什么样呢？陈光标好名行善，可我没有行善，我就不够资格批评他。创造财富的重要因素是拥有好人缘，使自己能够被别人接受。

现在有些失业者往往怪国家、怪社会、怪别人，但从未想过："我的条件、本领准备好了吗？"你如果学有专长，勤劳、诚实、忠心、认真……将十八般武艺都健全起来，人家就会接受你，这便是你的财富。

一弟子常问师父，人生的价值是多少？师父拿石头给弟子，让他在路边叫卖，看看路人出价多少。在路边卖时，有人出价五十元；到百货公司卖时，人家出价两百元；到珠宝博览会卖时，出价居然达到了一百万元！同样的石头，在不同的地方，价值就不同。从有形有相，到无形无相，我们给人感觉价值有多大？这不必要求神明佛祖，凡事要求自己。好不好不是外力赏赐，都是自己招感。

财富与和谐：看到别人发财我心欢喜

财富是公有的，财富应该分给大家。我是一个和尚，没有钱、也不要钱。但全球几百个寺庙从哪里来？好像也有办法。我们办大学、办报纸，就是要让教团贫穷，贫穷才会努力。

世上的事不能只看一时。当我是个小沙弥时，常有学长耻笑我。但我不生气。因为人好不好，现在一时就能定夺吗？只要用功向上，一定会有办法。天灾有限，人祸无穷。社会应该讲和谐：士农工商和而有分工，人的五官也各司其职，异中求同、同中存异，不一定都要一样。大家不仅要看到有形的财富，还要看到无形的财富；不仅要看到人家的财富，还要看到我的财富；不仅要看到现在的财富，还要看到未来的财富。不必拥有财富，可以享用财富。

星云日记

谈起生涯规划，孔子曾说：十五志于学，三十而立，四十而不惑，五十而知天命，六十而耳顺，七十而从心所欲，不逾矩。我觉得一个人除了可以依年龄来作生涯规划之外，还可以按照自己的性格来发挥所长。

假如你具有重视实际的性格，可从事劳力的服务、机械的工作、农业的生产等。

你有喜欢研究的性格，适合从事工程、科学、医疗、天文、生物、数学、哲学方面的工作。

你有爱好艺术的性格，不妨考虑去做一位诗人、雕塑家、画家、设计师、导演或者音乐家。

你有社会性的性格，不妨去做义工、服务业、社团辅导和传教师。

假如你有冒险犯难和开创的性格，那就朝着经理、推销、政治、军事的行列迈进。

假如你重视传统而保守的性格，则你应该去从事行政助理、秘书、会计、银行员。

如果有宗教的性格，那么，可以朝公益事业、慈善家、修道者的方向努力。

　　当然，最重要的还是能够敬业乐业，对同事能够包容体谅，怀着一颗牺牲奉献的心为社会大众服务，体会牺牲享受、享受牺牲的乐趣，这必定是一个最圆满的人生规划。

人间到处是财富

　　弘法半世纪以来，我看遍人生形形色色，曾经有感而发，仿效石头希迁禅师的"心药方"，也为众生的心病开了一帖药方：

慈悲心肠一条　　真心本性一片

惜福一点　　感恩三分

言行实在　　守德空间一块

惭愧果一个　　勤劳节俭十分

因缘果报全用　　方便不拘多少

结缘多多益善　　信愿行通通用上

　　此药用"包容锅"来炒，用"宽心炉"来炖，不要焦，不要躁，去火性三分（脾气不要大，要柔和一点），于"整体盆"中研碎（同心协力），三思为本，鼓励做药丸，每日进三服，不限时，用"关爱汤"服下，果能如此，百病全消。切忌言清行浊、损人利己、暗中箭、肚中毒、笑里刀、两舌语、平地起风波，以上七件须速戒之，而以不妒不疑、不放纵、自我约束、心性有道来对治。

十几年前我在美国，当时台湾台塑公司王永庆的秘书在拉斯维加斯买了一栋房子，分期付款，后来他在那里住得不安心，房子不要了，不过已经交了几万美元，后面还要再交几万美元，他就想送给我。我那时候正有心要扩展佛教，就接收下来了，找了台湾籍的法师在那里当家，结果两年只度了一家信徒，这家信徒还是台湾人，本身还是佛教徒，到了国外想找一个佛堂拜拜而已。我想这样不行，这样不能生存，两年才度了一家人，后来我就换了广东籍的法师，你们可能听过，一个叫慧光、一个叫印坚，他们两个人去。我跟他们说："这里就送给你们了，人家送给我的，我没有办法经营。"他们接手了以后，半年之内，六个月不到，就度了一千多人。我问："你们到底有什么办法？"他们告诉我，在那里香港人多，要讲广东话大家才听得懂，还有以台湾人的性格，一到了拉斯维加斯会先问："哪里可以赚钱？要找哪个地方可以赚钱？"香港的人移民到了那里，第一个是问："哪里可以拜拜？"香港人把拜拜看得比赚钱更重要。我一听，确实不错，香港人有佛心、有佛行，容易觉得心中的信仰是富贵。

我想，人生在世间要发财，要有钱，其实世间的财富不只是金钱而已，像智能，智能不是钱吗？缘分不是钱吗？健康也比钱重要，你有钱没有健康，但有健康就有钱，平安也比金钱重要，有钱不平安就不好，要平安。另外，像世间大自然都是我们的财富，你感觉到太冷吗？到外面晒太阳，阳光的温暖不也是财富吗？口渴要喝水，你看河水、井水不也是财富吗？大地、公园、公路都给我们走，那也等于是我们的财富，我们呼吸的空气虽然看不到，但没有空气很不好受，那都是我们的财富。所以仔细想一想，不管是有形的财富，还是无形的财富，我们在人间，人间到处布满了财富。

但是现在的人"向钱看"，太重视财富，太看重有形的财富，却失去了心中的富贵、欢喜、慈悲、智慧和满足。台湾有福建人，也有广东客家人，福建话问："你吃饱吗？呷饱没？""呷饱了。"广东的客家人问："你食饱没？"他不说"食饱"，他说："足了，足了。"满足了。这句话我觉得很好，我在世间上活得很满足，很欢喜。满足才是富贵。

我最近在书上看到一件事情，说一个老妈妈在医院里面，实在支持不住，快要死了，各处的儿孙回来，大家围绕在她旁边，老妈妈忽然说："我想要喝一杯酒。"她的大儿子是牧师，立刻说："妈妈，有病的人不可以喝酒呀！医生说不能喝酒，我们上帝也说不可以喝酒。"妈妈就说："儿子，我又不是医生，我也不是上帝，他们不是我，我就想喝杯酒。"其他的兄弟不忍："不要讲了，给妈妈找一杯酒，人都要死了，给她一杯喝，满足就好了嘛！"

妈妈把酒喝完了，说："再来一支烟好吗？"这个很容易，像各位的袋子里面都有烟，他们就拿给妈妈一支烟，等到烟抽完了，她满脸祥光、慈悲，说："人间真好，我很满足，现在我要去了，拜拜。"含笑而终。我觉得在佛教里面说要念佛往生西方，要如何如何，其实像这个老妈妈也很了不起，她满足了，她心里面坦然，有没有钱，有没有什么东西不重要，能有欢喜、有满足、有安全感，生死都是一样。

这个世界很奇怪，像美国，美国的钞票在全世界都有，怎么会因为金融海啸，一下子钞票都不见了呢？火烧了吗？把它吃下肚子里去了吗？美国不是印了那么多钞票，都到哪里去了呢？怎么还有国家要倒闭呢？日子要如何过得平静、过得安全呢？

有一个农夫种田，不认识字，也不会看报纸，电视也看不懂，就一心要培养自己的儿子读书，不但小学、中学、大学，甚至送到外国去留学。他是种田的，哪里有钱送儿子到外国去留学？他卖烧饼。他的烧饼做得又大又脆又好吃，远近闻名，很多远道而来的人都特地来买他的烧饼，他就有钱送儿子去留学了。儿子在外国得到经济学的博士学位回来，他很得意："哈哈，我培养了一个博士儿子，学经济的，家里一定就会发财了。"这个儿子一回来就告诉爸爸，现在金融海啸，世界经济不景气，到处都有工厂倒闭。爸爸不懂得经济，他想自己的儿子懂，还是高兴，一切都听他的。儿子就说："爸爸，实话跟你讲，你做了几十年的这个烧饼，完全不合经济学，又没广告，又没有宣传，也没营销，也不讲成本，烧饼这么大这么便宜，能赚什么钱？我们经济学上讲应该要成本，要讲销路。"爸爸一听，不错，儿子说得对。好了，就去做广告。烧饼做广告有什么用？烧饼缩小，包心少了，慢慢地，味道不一样了，也没有人买了。烧饼没有人买了，要关门了，爸爸说："哎呀，我这个儿子好啊，到底是个经济学家，他早就想到经济萧条、金融海啸，你看，果然不行了。"金融政策不是每个地方统统都一样的，你是卖烧饼的，只要烧饼卖得好，好吃就好了，你用经营大公司的方法来卖烧饼不行，你用卖烧饼的方法去经营大公司也不行。

现在社会失业率这么高，到处都有人找不到工作，为什么没有工作？依我看，是因为博士太多，硕士太多，有学问的人太多。太多有学问的人不好吗？不好。为什么？"哎，我这里有一个工作，你来好吗？""什么工作啊？""做事务、总务。""我是博士耶！我怎么能做你那么低贱的工作？"他不要，这是一个原因。

还有就是，有人开一家小公司，跟朋友合伙，大家一起做股东，一个人一百万块，合起来投资，你做董事长，他做副董事长、总经理、副总经理、业务经理、会计经理、外销经理……什么经理什么经理，一个人三万块一个月，没有半年，股东把钱都拿了，店就倒闭了。店倒闭是小事，更严重的是公司倒闭了，要去找工作了，雇主说："我这里少一个科员，你来就职吧。"他说："哼！我是做过经理的，怎么可以来做你的小科员？!"他膨胀自己。

我觉得人生到了什么程度、什么时候都应该讲与之相对应的话。

星云日记

一个人成功的条件，不外乎谦虚、忍耐、慈悲、勤劳，无限地奉献。成功，并不是上帝赐予，完全要自己用功，一切靠自己努力，假以时日，必然成功。今天我悟到一个字——"敢"，过去只是懂得、明白，今天"敢"字都一直在我心中回旋荡漾，我们要敢，一个人有没有作为就是看你敢不敢。大慈悲、大智慧，要敢；为善不落人后，也是敢，敢学习、敢疑惑、敢担当、敢提起疑情，敢问、敢想、敢写、敢说，只要意之所在，要敢，因为有"敢"，才能快速成长！

心中安稳才是救济

人生不能只是往前直冲，有的时候退一步思量，往往能有海阔天空的视野。所以，要享有"自在的生活"，不可忽略以下四点：人我是非不去说，成败得失不计较，忧愁烦恼不挂念，名闻利养不争前。

人活着还是要生存，生存需要成本。

我童年时就开始训练舍，就是布施。布施不是比赛你捐十块钱，我捐二十块，也不是捐钱。我们微笑、给你欢喜、说一句好话，都是布施。我舍弃一点时间，舍弃一点力量帮助人，也算是布施。我为了训练自己身为一个出家人要布施，于是在二十岁的时候，把所有的东西都给了人，我都不要了，重新再来，就是让我什么都没有，慢慢来，不贪，这也要刻苦自励。我到了二十五岁的时候，也有一次统统都不要了。

我经过这两次以后，感觉到自己能够做到"舍"；舍，不是没有，舍得、舍得，"舍"之外也有"得"。刚才你问我，舍去了什么东西，保留了什么？保留慈悲。世间上什么东西都没有了，都随着流水而去了，我的内心还是要保留一点慈悲的念头、慈悲的心，如果没有，你什么都不是。

一般的慈善事业，是帮助他的生活、身体，让人生活得好一点，身体康健一点，这不是金钱、物质可以布施得来的。用钱财布施、救济社会是一时的，不能解决根本问题。第二个法布施是救心，这颗心现在沉沦了，心很肮脏、复杂，我们不要以为这好像看不到就不重要，实际上，好多有学问、有道德的人，像颜回"一箪食，一瓢饮，居陋巷，人不堪其忧，回也不改其乐"。他内心快乐，当然可以冲破这许多物质的生活难关。

所以我认为，能够让现在全世界的人类做到自己打开心灵，让心中光明起来、自在起来，心中安稳起来，这才是救济，才是比较根本的。甚至于佛教讲孝道，给父母甘旨奉养，这是小小的孝顺；能做到光宗耀祖，是中等的孝顺；能让我的家族免受伤害、灾难，不受生死轮回，这是大孝中的大孝。所以目前我们为民族、为全人类进行慈善救济，等到大家都去除了烦恼，那就是我们最高的境界了。

心里面的贫乏，就会影响到生活，所以贫富只是比较上的问题。比方说，最早走路，我要一部脚踏车；等到有了脚踏车，又觉得摩托车比较快；有了摩托车以后，觉得不安全，又想有部四轮的小汽车就好了；有了小汽车，认为这是本国货，有个"外国货"就好了；

等到有了一辆"外国货"，又觉得自己驾车好辛苦，有一个司机就好了。总之，人的欲望是永远不会满足的，所以快乐是随着满足而有的。

星云日记

一个懂得生活的人，一定要像云一样，过得自由自在。不要被名缰利锁自我束缚、自我设限、自我封闭，要如行云流水般任逍遥。所以懂得人生的人，在人生里面要寻找快乐的人生，要找自由的人生，要找自信的人生，要可以包容的人生。如果可以宽大包容，那时，自我心中自有无尽财富。

男人光赚钱还不够

急事，慢慢地说；大事，清楚地说；小事，幽默地说；没把握的事，谨慎地说；没发生的事，不要胡说；做不到的事，别乱说；伤害人的事，不能说；讨厌的事，对事不对人地说；开心的事，看场合说；伤心的事，不要见人就说；别人的事，小心地说；自己的事，听听自己的心怎么说；现在的事，做了再说；未来的事，未来再说；如果，对我有不满意的地方，请一定要对我说！

赚钱以外，我想谈谈夫妻之间的事，这跟大家都有关系的。夫妻要怎么好、怎么相处？夫妻相聚，要到白头偕老，当中要的东西很多，我想第一个是要彼此赞美，还是说好话。先生说要去上班了，就跟太太讲："太太，我要去上班了，再见，说一声'你爱我'。"一句"我爱你"，很简单嘛，太太说："什么我爱你、爱你，讲了几十年了，还要再讲。"一句"我爱你"都不肯讲。先生说："我去上班了。"没有力量。如果讲一句"你爱我"，他会想："我太太爱我耶"，他就有力量了。

说到力量，我们寺庙就是加油站，你委靡了、懈怠了，到佛前来上香，我替你加油，你就有勇气奋斗，就有力量。

现在的男人想："哼！我这么辛苦赚钱，还都给你们用。"要我说，男人光会赚钱是不够的，回来还要制造欢喜，要幽默，这个家庭里面，有钱不一定很欢喜，有幽默智慧，有欢喜的日子就很好，欢喜了，太太做的菜也好吃，太太也会温柔体贴，她也在制造欢喜。中国和日本的男人都有"我做大男人""我是一家之主"的心态，回家来了就一定要太太侍候得很好，我想这要改变一下，人生是彼此的，你给我，我给你。

我常常跟人讲一个故事：一个年轻的先生结婚了："哎呀，结婚好得不得了哦！"人家问："结婚这么好？""哎，很好。""怎么个好法？""嘿，我现在下班回家，敲门，门一开，太太就拿拖鞋给我穿。我进到屋子里以后，我养的小狗就围着我的脚'汪汪'叫。哈，家多幸福，多有气氛啊，回到家真快乐。"

不到一年，他讲的不是这样了："哎呀，结婚痛苦啊……""怎么痛苦?"他说:"现在回到家,太太不拿拖鞋给我穿了,是小狗衔拖鞋给我。进到屋子里,小狗没有围着我'汪汪'叫,是太太围着我'汪汪'叫。嫌我没有升官、没有发财,没有怎么样怎么样。哎呀,苦不堪言……"有一位法师听到了说:"青年朋友,我听你讲完,你大可以继续欢喜呀。你回家,太太不拿拖鞋给你穿了,小狗衔拖鞋给你穿,你一样有拖鞋穿嘛;你进到屋子里面,小狗没有围着你'汪汪'叫,太太围着你'汪汪'叫,一样有'汪汪'叫嘛。"先生一听:"是这样吗?"师父又说:"告诉你,青年朋友,这个世界是会变化的,每一分钟、每一秒钟都在变化,你要世界不变化是不可能的,要紧的是,你的心不要变化。你那颗爱的心、为家庭的心不改变,这个家就会幸福的。"

还有一个故事。大家都知道小狗常常打转,要咬自己的尾巴,你们一定也看过。有一次小狗在咬尾巴,老狗在旁边看到,问小狗:"干吗咬自己的尾巴?""唉,"小狗说,"我听人家说,我们狗的幸福就在尾巴上,我要找幸福啊!"老狗就说了:"不是,幸福是在尾巴上没错,但是你在这里转圈子,是不会得到幸福的,只有你努力向前走,你勤劳,幸福才会永远跟随你!"

有一位先生回家吃中饭,太太煮了一道菜,一盘清蒸板鸭,先生一看:"哎,太太,鸭子怎么才一条腿?还有一条腿呢?"太太说:"我们家的鸭子都是一条腿啊!""乱讲,鸭子都有两条腿,怎么我们家的都是一条腿?""你不信,到后院的池塘去看我们家的鸭子到底有几条腿。"两条腿是常识难道不知道吗?"好!来看。"

确实都是一条腿，为什么？中午吃饭嘛，鸭子都在休息了，另外一条腿都缩起来了。太太就说："你看看，我们家的鸭子都是一条腿。"先生当然不会这样就被蒙骗过去，他立刻拍手，"噗噗噗"掌声一响，鸭子受到惊吓，两条腿伸起来就跑掉了，先生说："你看你看，我们家的鸭子不都是两条腿吗？"太太说："先生，假如你掌声早一点响起，我就做两条腿给你吃。你平常一点赞美都没有，一点鼓励都没有给我，做得再怎么好吃都没有用，所以你只能吃一条腿。"

所以我们现在想要太太做两条腿的鸭子给我吃，要买一点东西给她，要赞美她："噢，太太，你今天好美丽啊""太太真能干"，你要赞美她。你说哪里有那么多赞美的话呢？这就要学习，要注意，哪些话很好，哪些话是赞美的，要会用。我在想，留心很重要。我跟我们这许多徒众说，要学习三百句赞美人的话才可以出师做法师，为什么？信徒来替我们添油香，添完油香，我就算了吗？我也要回报，我也要替他添油香啊。他们就问："我们怎么替信徒添油香？"我说，要鼓励他，赞美他，让他心欢喜，这就是给他的油香。这是彼此相互的，人间统统都是相互的，夫妻之间，尤其越亲近的人，必须要获得你的肯定，夫妻的感情才会增加，开玩笑的话都不要讲，要说："我太太是一个大美人啊！""我先生最能干！""我先生最会赚钱！""我先生最会讲话啦！"太太或先生在旁边都很高兴，家庭教育很要紧的。

说到家庭教育，这里有一个故事。有一个小孩子去上学，看到一座寺庙就走进去了，很有善心，拿了一百块给香灯师。孩子说：

"哎，师父师父，我添油香。"师父说："哎哟，你哪里来的这么多钱？""我捡的啊。""哦，你捡到钱，拾金不昧，还添油香啊，真是好孩子，很诚实，很乖哦。"一下讲了很多很多赞美的话。第二天，那个小孩子又来了："师父师父，我今天又捡到一百块。""哟！这么好运气，我都捡不到，你连续捡到一百块，真好。"又说了很多赞美的话，这个小孩子也很欢喜。

第三天，他又拿一百块来了："师父师父，我要添油香。""咦？怎么都是你捡到一百块，我们都捡不到，老实说，你的钱从哪里来的？"小孩子从袋子里掏出一大把钱，他说："我很有钱，我家里很有钱，但是我不快乐。我爸爸妈妈他们一吵架都是骂我，骂得好难听哦，说我没有用、没出息，怎么样怎么样……但师父你不一样，你都是说我的好话，我在其他地方都听不到好话，就拿钱来给你添油香，听你讲好话。"我觉得这小孩子很可怜。

张太太带着小孩子出门，遇到李太太，李太太说："哎呀，张太太，你家的小宝很聪明啊，又能干，我的小孩小三子没有用，没出息，只会吃饭。"李家小儿子在旁边听到了，心里想："哦，妈妈，原来是这样，人家的儿子都是好的，你的儿子我只会吃饭、懒惰，好！就懒惰给你看！就坏给你看！"有时候讲话不小心，无意之间就造成了家庭教育上的失败。

所以我觉得每一个人每一天都要讲好话，不管讲什么人的好话，都很有用，尤其是夫妻之间、兄弟之间、儿女之间，好话不怕千回说。

星云日记

一个人即使物质生活欠缺，只要他有慈悲、有智慧，生命就会变得充实、富有。我们要点亮一盏欢喜的灯，点亮一盏信仰的灯，内心有了欢喜、信仰，比世界上有形的财富更为重要。财富并非永久的朋友，但朋友却是永久的财富。

给人吃饭

生活的意义在圆满生命。生命的意义不完全是为自己，古德云："和羹之美，在于合异；上下之益，在能相济。"和谐才能互利，和谐才能平安。生活的意义，在于让我们的家人、亲人活得欢喜、有价值；让我们所居住的社会世间和平美好。所以生活的意义，是在创造生命，创造社会的生命、国家的生命、大众的生命。

好像是四五十年前了。我替一位长老编辑佛教的杂志，他告诉我，要想在某一天看到这本杂志，我只有加班。在台北的万华，一直到晚上九点才完成，他说明天要，所以我今天就要送到。从万华坐火车到北投，当时下着毛毛细雨，我怕杂志被雨淋湿，就把衣服脱下来把杂志包住，扛着这一百多本杂志上山，它有四百多个台阶，不过爬上去也是大汗淋漓。外面有雨水，里面在冒汗。十一点多了，他看到杂志很欢喜，说："你很负责任，今天就住在这里吧。"晚上十一点多了，实在说，回到台北大概还要一个钟头，于是我就住下来了。

但是那时候，台湾寺庙里的人对外省人都不了解，他送我到一个房间后，又从外面反锁起来。到了第二天早晨九点还不能出来，到了九点多，他才想起："哎呀，忘记了，对不起。"那也不要紧了，我就跟长老告辞，要下山。他说："不要，我今天中午请客，你帮我的忙吧。"这是长老的指令，我想，就留下来帮忙吧。台北的客人很难请，姗姗来迟，到下午一点才到。

本来是两桌饭，才来了七八个人，我想，老法师坐一桌陪客，我做过住持，做过校长，也是杂志的主编，大概另一桌可以让我陪客人。但不是，我是晚辈，他说："你这个孩子，怎么不去厨房吃饭呢?"我心想："哦，我是应该到厨房吃饭。"就到厨房去，看到厨房正要忙着宴席请客，好热闹，可是我一个人也不认识，不好意思进去，就从厨房外面绕过去下山了。

四百多个台阶，我早饭没有吃，昨天的中饭、晚饭都没有吃。这四百多个台阶已经不是台阶，腾云驾雾的，好像踩在棉花上，飘飘地就到了山下，后来就记不得了。不过我很感谢佛教的教育，我一点都没有怀恨的心，反而激发我一个愿力——将来有一天，我如果有寺庙，我要给人吃饭。所以后来在台北建的寺庙就叫"普门寺"，普门大开，要吃饭的统统请进来。

星云日记

人是经济的产物，一生下来就要喝奶，玩具、衣、食，样样都离不开金钱，但一个人要拥有多少钱才理想？依个人需要不同而有差别。

一、通常社会一般人

1.三十岁到四十岁，拥有三十万到五十万；2.五十岁左右，约一百万；3.六十岁以上者，要有二百万到三百万。

为什么年纪大的人，反而要那么多？世俗上，父母养育儿女，都希望将来防老，但事实上，现在一般家庭，年老的父母大都是由子女轮流在奉养，所以年纪大时，身边有点钱，比较有保障，不必看别人的脸色。

二、一般在家妇女

1.二十岁到三十岁，要拥有三百万，心里就比较踏实，年轻时就不会为了"一栋房子"或"一辆车子"而匆匆地嫁人，将三百万存入银行，靠每月利息生活，也就不见得一定要去嫁人；2.四十岁到五十岁，至少要拥有一栋房子，比较有安全感，不必看人家的脸色；3.六十岁到七十岁，拥有一百万就好，年纪太大的人，身边钱多不安全，要提防有人会谋财害命。

慈悲行之永恒

一个施恩望报的人，难免给人沽名钓誉之嫌；能够对人付出关爱而不望回报，才是真正的慈悲。

过去赵朴初先生对我说，现在提倡人间佛教。我说，太虚大师过去讲的人生佛教也是走同一条路线，所以人生佛教、人间佛教就合流了，是一样的意思。今后人间佛教都是以人为重、为本，是人本的宗教，不是神本，我们不重视神。佛也是人，人间佛教是回归人本的，所谓中国传统的道德，从在家庭里父慈子孝、长幼有序、伦理道德，到家齐、国治、天下平。人间佛教，也有儒家的精神。

武力不能解决问题。自古以来都动用武力，甚至原子弹都动用了，但是世界的问题有解决吗？没有，但慈悲能解决。慈悲不要战争，不要伤害人，慈悲才有力量，必定能降伏原子弹，降伏一切武力；原子弹只逞强于一时，慈悲却能行之于永久、无限。

有人说慈悲会被人欺负，佛教传到中国来，不也是两千多年来都被人欺负吗？但是佛教有生命力，还是那么坚强，那些拥有武力的强盛朝代到哪里去了？过去历史上有很多皇帝灭佛，这些皇帝没有了，但佛教仍然存在，你说，怎么能不要慈悲呢？佛教是讲究因果的，因果怎么能够不正视呢？因果是人类生活的信条，慈悲是人类善良的行为，如果慈悲消灭了，世界也不成世界了。因此，宁可消灭原子弹，不能消灭慈悲。

人类是宗教的动物，他要信仰什么，有他的自由。依我来看，世界的所有神明都是由人创造的，神没有创造人，是人创造了神。比方说，你要读书，会找文昌帝君；你要发财，会找财神爷；你到派出所没有人理睬你，没关系，有土地公；你要高升，找城隍爷；要结婚，找月下老人；生儿子，找注生娘娘；有病找王爷，航海交通安全找妈祖……无不是创造自己要的神来保护自己。可以说，这许多神明是谁？都是每一个人自己的心，是人的心规范自己所要的东西。

佛不是神，佛是人，生养他的父亲净饭王、母亲摩耶夫人也都是人。佛经过苦行、修行以后，成为一个觉者、觉悟的老师。他不会保护你，不会给你幸福快乐，也不能替你消灾免难。不过他告诉你一切是有因果的，也告诉你应该怎么做，如果你不照着做也是没有办法。如同佛经里释迦牟尼佛自己说："我如良医，知病与药，汝若不服，咎不在医。"你不吃药，病当然不会好，你也不能怪医生没有把你治好。又说："我如善导，导人善路，汝若不走，过不在导。"我给你指导前路，好像为观光客带路一样，如果你不跟着走，走错了，我就没有办法了，过失不在我。

所以佛是老师，不是权威，佛不能赏善罚恶。信仰宗教，这一点很重要，不要去想哪一个神明会来赏善罚恶，赏善罚恶的是谁？是自己。自己可以改造自己。

星云日记

人生在世，人用钱，还是给钱用？没钱用，很烦恼；钱多不会运用，也很苦恼。很多有钱人，一生一世做个守财奴，不能善用金钱。所以我主张大家发财，不要只注意"君子爱财，取之有道"，而且要"用之有道"。然而，比世间钱财更好的东西还是心灵上的财富。信仰、智慧、通达、满足等都是心灵上的财富。

最彻底的慈善事业

有些人很发心，但因缘不够，所以难以成事。犹如播种，种子虽播在田里，也要风调雨顺才能丰收。如果相关的因缘不能具足，有因没有缘，如何得果？因此要广结善缘。

世界上越是文明、先进的国家，政府越是重视人民的公共福利。但是，国家的社会福利制度再好，有时还是很难周全地照顾到社会各个层面的需要，甚至综观目前世界上社会福利完善的国家，人民只靠政府救济，往往养成好逸恶劳，不思自力更生，甚至使得人心因贪而逐渐堕落。这是因为国家对民众只给鱼吃，却没有给他钓竿，也没有教他们钓鱼的方法，所以福利越好，反而养成民众懒惰、贪心的习惯，不事生产，好吃懒做，只等国家救济，到最后一个国家失去了生产力，只有坐等救济的人民，国家当然会被拖垮，自然成为危机。

根本解决之道，要从教育做起，要教导民众勤劳，奋发工作，要过简单朴实的生活，要有如佛教讲"佛观一粒米，大如须弥山"的惜福观念，要懂"如蜂采蜜，不损色香"的安贫人生。做人不但不贪婪，而且乐善好施，热心公益，从观念上建立正确的人生观与价值观，人人发挥自己的生命能量去助人，而不是坐等政府救济，能够发挥全民的力量彼此互助，政府自然不会感到吃力。

其实现在各国除了政府主导的社会福利事业以外，也有很多公益事业团体，通常是由民间发起的各种基金会、社团、财团，乃至各个宗教团体所从事的。公益事业的推动，所表现的其实就是人类互助合作的美德，也是人性善良面的发挥，在佛教来讲，更是大乘佛教菩萨道的实践。佛教从古至今一直很积极地从事社会福利事业，从古代的植树造林、垦荒辟田、凿井施水、维护泉源、利济行旅、兴建水利、设置浴场、兴建公厕、建立凉亭、经营碾硙、设佛图户，到现在的筑桥铺路、急难救助、施诊医疗、养老育幼、监狱教化、小区服务，乃至设校兴学等，真是不胜枚举。

不过，一般人所谓的公益事业，大多偏重于救济性质的社会服务，尤其社会各界总把佛教定位为慈善团体，所以政府对于直接从事慈善救济的寺院团体，总认定其"功"在社稷，每年都会颁奖表扬。其实，宗教并非仅止于慈善事业，宗教的真正目的在净化人心，改善社会风气，因此我曾建议政府，对于佛教的教育、文化事业，如人才的培植、书籍的出版、信仰的提升、风气的改善、人心的净化等，都应列在评估之内。否则如果社会各界把佛教局限在公益与慈善事业，如此佛教何异于狮子会、扶轮社等社会慈善团体呢？

遗憾的是，到现在，在一般社会大众的认知里，还是以为佛教慈悲为怀，因此总将佛教局限在慈善救济的框框里。殊不知，佛教最大的功能在于培养人才，并通过文化教育来传播佛法，净化人心，改善社会风气，这才是佛教对社会人民的贡献与职责所在。

尤其，慈善救济人人能做，但是推展教育来净化人心，则非人人可为。一所寺院道场，其功能并不亚于一所学校。寺院不但是善友往来的聚会所、是人生道路的加油站、是修养性灵的安乐场、是去除烦恼的清凉地、是采购法宝的百货店、是悲智愿行的学习处，更是一所疗治心灵的医院、维护社会正义的因果法庭、启发道德良知的教育学校、提升文化修养的艺术中心。因此，慈善救济虽然能够拯救肉身生命，济人燃眉之急，但是无法熄灭贪、嗔、痴三毒。唯有佛法真理的弘传，才能进一步净化心灵，拯救法身慧命，使人断除烦恼，了生脱死，其影响及于生生世世，是以佛教教育才是最彻底的慈善救济。

基于以上的理念，佛光山长久以来，积极以教育、文化弘扬佛法，并且在世界各地建寺弘法，把佛教推展到世界五大洲，不但落实人间佛教，尤其对国家社会，乃至对世界和平的促进，均发生着全面性的影响与贡献，此与一般只着重推展慈善事业的团体，形成强烈而明显的分野。

但是也有人质疑，佛教建筑寺院，意义何在？如前所说，世间的钱财，只能拯救肉身生命，济人燃眉之急，但是无法息灭贪、嗔、痴三毒。佛法的布施则能更进一步地净化心灵，孕育法身慧命，使人断除烦恼，了生脱死，其影响及于生生世世。因此，建造佛寺，等于建设学校，度众万千，这才是最彻底的慈善事业。

因此我常说，慈善是佛教的一环，甚至可以说佛教本身就是慈善事业，但是慈善工作并非佛教的全部，因为当一个人的信仰渐次升级以后，必定要从做善事修福中，进一步研究教义以求慧解，否则一个没有佛法的人，将如同迷失在汪洋中的舟航，找不到停靠的港湾。而佛法的重要，则往往一句话就可以给人生起信心，找到方向，终生受用不尽。所以，佛教虽然不偏废慈善救济，但仍以弘扬佛法为本，以传教为重，因为慈善救济终非究竟，"泛滥"的救济只会养成社会的贪心及虚浮伪善的心理。因此所谓的救济，应该是"救急"而不是"救贫"，应该是"救心"而不是"救人"，唯有宣扬教义、净化人心，这才是宗教的主旨所在。

是故，最好的慈善事业应该是与文教合而为一，因为文化可以净化心灵，升华人格；教育可以改变气质，根除烦恼。因此希望政府今后在鼓励慈善救济的同时，也能兼顾文化、教育，发挥宗教真正的意义和价值。如佛教所谓"诸供养中，法供养第一"，我们要肯定"文教重于慈善，有道重于有财"，我们也期盼政府的福利事业能从文化、教育方面来提升社会的道德水平，改善国民的生活质量，如此才是根本而究竟的福利事业。

星云日记

凡事将心比心，真爱才能赢得爱，恨绝不能赢得爱。有些人爱极生恨，这种包含着恨的爱不是真爱，只是以自私为出发点，一种占有的假爱。世间上不会有因为假爱而带来幸福快乐的。可以说，真爱的升华就是慈悲。车祸发生了，多少母亲用自己的身体、自己的生命庇护儿女，多么勇敢呀！扩展开来，将一切众生视同亲生子女，便是佛陀的慈悲。

出家人要钱做什么

经常听人说："你们学佛的人既不讲究华衣美食，又不懂得享受作乐，人生不是太消极枯燥了吗？"难道华衣美食、享受作乐才是积极的人生观吗？经云："吾有法乐，不乐世俗之乐。"佛教徒深深体会到五欲六尘的虚妄颠倒，因此从声色犬马中回过头来，从事修行办道，弘法利生的工作，这样的人生不是更积极进取，更富有意义吗？社会上有许多人为了功名利禄，只知道争先恐后地汲汲钻营前面那"一半"的世界，而忽略了后面这"一半"宽广的世界，结果越往前推挤，门径越窄，到头来弄得鼻青脸肿跌得粉身碎骨，难道这就是快乐幸福吗？

过去都没有练过，大家常要我写字，自己也不好意思，只好说："不要看我的字，看我的心。"我还是有一点慈悲心可以给大家看的。现在练"一笔字"，因为看不到，只好对着纸一笔到底，一气呵成，一挥而就。最近，我的徒弟都对我说："师父，您写的字进步了耶!"古来只有师父说徒弟进步，怎么变成师父进步了呢？不过我也很高兴。

这次有一千多位出家人回到佛光山，我想，师徒一场，留一点纪念，就每个人写一张字送给他们。写一张、两张很好写，要写一千多张，工程可浩大了。不过，一写也写出兴趣来，两个月间不觉就写了七千张。有人想要，问我："买一张多少钱？"我现在已经不用钱了，我不到市场，也不到百货公司，我想大概活到一百二十岁，还是足够吃穿的。加上现在我在大陆出版了几十种书，一年的稿费都在人民币百万以上，这些钱要怎么用呢？我心里想，一个出家人，到了晚年圆寂的时候，没有钱是最好的。

我想佛光山常住也不会要我的钱。出家人要钱做什么？出家人不要有钱。所以我把稿费及版税所得的三千万元全部都捐出来，从去年二三月开始，成立公益信托教育基金。由于这是公益基金，钱拿出去、存进银行就不能再拿回来，除非支持社会公益活动，但也须得先向银行申请，才可以拨款赞助。

很奇妙，到了去年年底，我也不晓得从哪里来的钱，公益基金已经有七千万。到了一个月前我离开台湾，已经有1.3亿。我想，既然如此，我们就来办"Power教师奖""真善美新闻贡献奖""三好校园奖"等。

台湾的报纸和媒体不好，所以我要净化媒体，希望媒体能从好处报道，要报道真实，不要打口水战。"真善美新闻贡献奖"，每个得奖者可以获得一百万台币，每年奖金共五百万台币。

"三好校园"，只要是推行做好事、说好话、存好心的校园，也是每所学校一百万。如果有十所学校得奖，一年也不过一千万，但是这笔钱就用得很有意义。

这些奖项的评审人，许多都是社会名流，他们接受了我的邀请，只是评审过程中，我感受到他们的为难，因为他们跟我说："我们只办一两次就没有钱了，那我们做这个评审委员没有什么意思。"我说："我一定撑十年给你，但你也要来做这个评审委员，以示公平。"

所以现在我开始计划，"一笔字"可以帮助我达成愿望，虽然不能像诺贝尔奖，可以二三十年不间断，但我衷心希望每年能举办"Power教师奖""三好校园奖""真善美新闻贡献奖"等。

星云日记

佛教僧伽的"十无思想"：

一、无财之富：出家虽不求世间的财富，但一样可以拥有财富，即正见、智慧、品德、信仰等内在的财富。

二、无求之有："人到无求品自高"，出家要过无求为求的内证生活，即享有、宽容、结缘、满足等。

三、无情之慈：世俗讲爱，佛门讲慈，要从无缘、无偿、棒喝、无相中去体会更大的慈悲，才有佛法。

四、无欲之乐：世俗以五欲六尘为快乐，出家则要过禅悦、佛心、喜舍、无为……没有污染的快乐生活。

五、无住之家：经云"凡有所住，皆为非住。"故出家要在不执是非、人我、得失中，安住在法界、虚空、无私、自然之中。

六、无安之处：出家要先学习在苦难、异乡、刀兵、忙碌中，来培植自己的福德因缘。

七、无人之众：无人之众是要以佛子、法侣、道友、无我……为大众，无个人之众。

八、无悔之心：指出家学道，在语言、发心、交友、布施等方面，念念都是正念，无所谓懊悔。

九、无聪之慧：出家要懂得什么是"难得糊涂""大智若愚"，能吃亏、牺牲、忍辱、厚道，发心求道，就是无聪之慧。

十、无功之事：不求世俗名闻利养，为说法、度生、证悟、修行等真修实学。

创造财富靠的是内心

所有的财富，要能与福慧建立关系。福慧是人生最究竟、圆满的财富。

财富，是人人所希望的，但是财富不要把它只看成是金钱、股票、有价证券而已，在佛教的心目之中，财富的范围是很广的。

比方说，有"公有的财富"，当然也有"私有的财富"。公有的财富，好比太阳很温暖、很光明，你可以取暖、可以照明，太阳是我们公有的。空气，大家都可以呼吸，它也无私地供应给我们，分享给人类。同样的，大自然的星辰、月亮、山河、花草、树木……它们的养分，它们的功用，也给我们分享。

所谓"私有的财富"，就是你的祖先给你的产业、你自己的创业、你个人的拥有及房地产等。

除了公有、私有的财富，我们的财富还有"现有的财富"，就是现在拥有的财富，现在当然我们要有钱，但也要有"未来的财富"，不但是给子孙，甚至给我们未来的人生，因为种子播撒下去，它都会有收成。我们不断地创造财富，能可以创造"未来的财富"，创造社会的财富、创造大众的财富。

财富，有"有形的财富"，也有"无形的财富"。拥有"有形的财富"固然要紧，无形的财富像道德、人格、惭愧心、慈悲观念，这也是很重要的。

财富是多面的，比方说，身体的健康，也就是我们的财富，你有再多的钱财，身体不健康，那也用不到。就是说有形的财富少一点，你拥有人间的欢喜、人间的幸福，那也是和乐的财富。

财富有"外来的财富"，还有"内心的财富"。"外来的财富"就是你赚的钱、工作所得、利润所得。不过"内心的财富"，可以自己制造，所以我们经常讲，我们的心也好像是一家工厂一样，在这家工厂里面，你生产什么呢？如果说是不好的工厂，产品不良，都是排放污水，排放黑烟，这个没有人喜欢。假如是好的工厂，你制造很多优良的产品，都是为人类所需的。所以制造财富，是靠我们的内心，创造欢喜、创造财富来跟大家分享。

怎样分享财富？佛教里说：1.要不能自私；2.要以众为我。像企业家，如果没有员工，他们怎么创造财富？创造的财富一定要和员工分享，甚至与社会分享。有一句话叫"舍得、舍得"，你肯舍，才能得。或者是你肯"结缘"，这个宇宙的一切都是靠缘分的，没有缘分，人家说"煮熟的鸭子都会飞了"。该来的财富，你不要去找，它都会来找你，只要你勤劳，只要你正派、正直；不该你有的财富，你怎样追求，都是于事无补。

在几十年前，有一种情况，很多的企业家，大部分所受的可能都只是基础的小学教育，但是他的手下都是博士、硕士，很多优秀的人才，可见，这个财富需要有福德因缘，你培养了很多福德因缘，财富会向你靠近，天下的人才都会向你聚集而来。

我用一个小故事来说明：有一位妇女，她有一尊白玉的观世音，好美丽啊！她想，这一尊观音要怎样才灵验呢？应该拿到寺院里去开光一次，来跟佛祖分香、分火，我再请回去拜，或者会灵验一点。这一尊观世音拿到寺庙里来，就摆到案桌上供奉，她就烧香来拜拜自己的观世音。可是她的香烟袅袅，却都飘到旁边去了，她就想，我的菩萨又没有分到这个香，今后怎么会灵验呢？可是，她怎么插那炷香，香都随着风飘到两边去了，飘不到她的白玉观音的鼻孔里去。她就想了个办法，用一香环，把香吊在菩萨的鼻子下面，让她的菩萨闻到这个香，结果，她的一尊白玉观音，变成了一尊黑鼻子的观音。

这就是自私，只管自己，不想与大众分享。我想，财富是共有的，不与人共有，它不安全，也不周全。

财富要分享，结缘、施舍、服务、帮助别人……都是很好的方法。最主要的，就是要"和谐"。能和谐，才能创造财富；有财富，要去促进和谐的社会。

怎样才能和谐？比方说我们的家庭，父母、儿女，一家人要和谐；夫妻要互相和谐，所谓"琴瑟和谐"，等于乐器一样，虽然调有不同，但是和谐，"你中有我，我中有你"。"和谐"，对我们的生存、对我们的未来是非常重要的。

面孔上，眼睛、鼻子、嘴巴，长得都不同样，不同样不要紧，只要均匀，只要和谐，我们一看到，就觉得好漂亮。不同没有关系，平衡均匀就是美。在我们的身体里，心脏、胃、肺、肝等不同，它们各司其职，互相和谐，我们就能健康；如果我们的肠胃不和谐，一定会生病。

所以，从自己的和谐，再讲到我们整个的生活。例如说，穿件衣服，你可以穿红色的，蓝色的，各种花色的，但是你要和谐，你不和谐，什么颜色都不好看。

你化妆，胭脂花粉，你也要和谐，才有美感。你唱歌、奏乐，有大提琴、小提琴，大喇叭、小喇叭，管你多少乐器，虽然各有各的调，但是你要和谐，好听！你去舞蹈，有的动手，有的动脚，各有姿态，都不相同，没有关系，只要和谐，好美啊！

整个的世界不是要求大家统一，都是一样，同中有不同，不同里面有共同，所谓"同中存异，异中求同"，才能和谐。因此，我们的这个社会，现在已慢慢进入富有的阶段，大家的财富不断地增长。我们的财富增长了以后要和谐。和谐了以后，我们的财富才会安全，和谐了以后，我们的财富才会更有发展。财富也要和谐。

从个人到团体，所谓"家和万事兴"，像我们叫"和尚"，就是"以和为尚"，过去释迦牟尼佛制定我们的戒律、规矩，就是倡导"六和僧团"，思想、语言、心意、法制、财产都要和，人间应以和为贵。

有一段趣闻，有四兄弟各自叙述将来要做什么。老大说，我要有权势、地位，才能让人刮目相看。老二说，我要发财，没有钱，什么事都不能做，有钱能使鬼推磨，财富很重要。老三就说，我要拥有很多的企业、很多的事业。大家各申其志。

第四个小弟，他说："我都不想，我只想替大哥、二哥、三哥服务。因为大哥有钱有地位，所谓高处不胜寒，人家不服气，我替你做一些工作，去结缘，宣扬你的美德；二哥有很多财富，人家怪你为富不仁，我替你做一些救济，给你一些帮助；三哥的事业多，我更要替你宣传，说明你的产品，你的重要，我才不要做什么事呢。我只要帮你们服务、帮你们做就好了。"

三个哥哥一听，觉得老弟还是你好，帮我们宣扬。所以和谐的性格，对和谐的认识，在我们的创业当中，可能是非常重要的。

世界上，举世的烦恼都是给"我"所害，"我"怎么害自己呢？我执、我慢、我痴、我的邪见、我不能容人……我自己本身什么都没有，不过对人忍让、恭敬，我给人欢喜，我给人信心，我给人希望，我给人服务，"给"里面有无限，看起来给人，实际上是给自己。你不播种，哪里有收成？你不结缘，哪里有人肯跟你友好呢？

我个人最初也没有什么，我没有学过什么技能，可以说我一无所有，就等于现在有人叫我把自己写的字，来展示给大家看。我说，那是不能看的，没有练过字，不过，假如你们要看，看我的心，假如让我把心剖开来给你看，倒有一点可取之处。

因此，我觉得我们平时用心，关心自己。一般人，关心财富，关心健康，关心自己的亲人，关心与我们有关系的，很少关心自己的心。所谓"和谐社会，从心开始"，从心出发，从我们的真心、诚心、慈悲心出发，我想，大家的财富会不断增加，人缘会不断增加，未来的事业会更广大。

星云日记

很多人说我拥有很多事业，都认为这和钱、管理有很大的关系。其实，在我看来，"有"和"无"都是一样的，而且这许多事业并不是我刻意要去创造，也不是用贪心去获得的，我是"以无为有""以空为乐""以退为进"。所以有时钱财的拥有，不一定要从有形上去看，我们内心的财富就有很多。例如，我很有信用，人们就放心地委托我做事。当然，信用就是财富。

⌇ 人间的义工

> 生命的真谛在有意义内涵。什么意义？比方说，我一生中，教育多少的后进，提携多少的人才，帮助别人解决多少苦难，走过多少挫折。假如让别人因为我们而能有所增长、有所提高、有所扩大，那么，生命就不在表相上，而在自他成就的内涵中了。

自古以来，中国人尚义。小老百姓对社会有贡献者，称为"义民"；士林学者春风化雨，义务兴学者，称为"义教"；军人仗义，保国卫民，称为"义军"；侠客行世，除暴安良，称为"义侠"。

在古代，如果我把自己种的稻米供给贫苦人，我的田地就叫"义田"；我造一口井，供给大家水源，这口井是"义井"；甚至我建房子，供给无家可归者一个住处，就是"义庄"；我做好事，称为"义举""义行""义人"。总之，凡是对社会人类有贡献、利益者，都称之为"义"。

至于立志，可以立志做好事，也可以立志做坏事；志，可以流芳百世，也可以遗臭万年，好坏没有一定。唯有好事都叫"义"，它是不会坏的；义，比好事还更上一层楼，因为称为"义"的好事，不是每个人的分内事，而是心甘情愿地为人付出，超越一般人情。因此，"义工"比"志工"来得更好。

义工，就是菩萨。他不是职业，也不为金钱而做，所做的都是分外的好事，不为求什么，只为帮助别人、给人欢喜，所存的都是好心好意，这就是"义工"。看似无偿的付出，实际上，舍得、舍得，能舍就能得。观音菩萨就是义工，她的工作就是救苦救难。诸佛菩萨都是义工，释迦牟尼佛是娑婆世界的义工，阿弥陀佛是西方极乐世界的义工，他们没有任何待遇，只为普度众生。因此，现在你们来做义工，意义非常大。

不久前，台湾大学副校长汤明哲先生访问我关于管理的问题。他说："我们在社会上工作，每个月领的薪水，总觉得不够，一直希望再增加；我们每星期有周休两日，也觉得不够，总希望多放假。但是很奇怪，我来到佛光山，看到你们都没有领薪水，日夜辛苦工作，却不计较，也不要增加待遇，更没有周休两日，还不想放假，真的很奇怪，可否请大师解释一下？"

我说："社会人，工作就是为了名利、待遇，本来就是为功名富贵才做的。所以做完了，就要放假、休息，因为做公家事都是不得已，由于不甘愿做，所以要休假。在佛光山，我们不是来工作的，我们没有待遇，都是为信仰、为欢喜、为有意义来做的，我们不要钱，却比社会人士做得更欢喜、更甘愿。甚至如果没有事做，我们还嫌无聊，从来不想放假。没有工作很苦，有工作是很有意义的。"我所说的，就是"义工"。

义工，是修福修慧。帮忙擦桌子、扫地、端盘子、招待客人、修桥铺路、为人服务、做善事，都是"修福"；拜佛、念佛、读经、讲佛法、听经闻法，就是"修慧"，所以修福也要修慧，这就是

"福慧双修"。

各位发心做义工，发心修福慧。所谓"发"，就是开发的意思，好比开发山坡地，开发荒地，开发河边的地。开发土地以后，可以种水果、花草、五谷、禾苗、各种植物。我们的心，就如田地一样，因此要开发心田地，种植慈悲、修福、忍耐、智慧的种子，未来必定会成长很多慈悲、智慧的果实，取之不尽、用之不竭。所以发心做义工，就是做菩萨。

我十二岁出家以后，大概有十年时间，一面念经拜佛，一面做苦工，举凡挑柴、担水、煮饭、做菜，什么都做，即所谓"福慧双修"。自童年出家至今，已经做了六十多年，没有拿过薪水，没有待遇，也没有放过假，我觉得我也是做义工，但我有缺少什么吗？没有，不论走到哪里，我都有饭吃、有地方睡觉，什么都不缺少。

发心，要发展、开发心田、开发佛法的事业。有人来了，给予招呼，这是开发人事；社会发生不同的事情，我们去参与，这是开发因缘；在家庭里、朋友之间，开发好的语言、笑容；日常生活中，做好事、说好话、存好心，都需要我们来开发。

大家除了做义工以外，更重要的是"要做义工的义工"。以后有人到嘉应会馆来做义工，我们要做这许多义工的义工，帮助他们。例如他要扫地，但不知道扫帚在哪里，我们要替他找、替他准备；如果他做事做得肚子饿了，我们要带他去用餐；如果他累了，我准备椅子给他休息。如此做下去的成果，不可思议。

美国纽约曼哈顿第五街，是世界十大商业街之一，相当于上海的南京路，非常热闹。有一对夫妻来到第五街，走进一家小旅馆要投宿，但由于在风景区，人太多，所有的房间都住满了，天色已暗，夫妻俩想，要到哪里住呢？这时候小旅馆的一个服务员说："先生、太太，实在没有房间了，如果不嫌弃，我们在这里工作的人都有一个睡觉的地方，刚好我今天值日，我把我的房间让给你们睡吧。我这里还蛮干净的，先带你们去看一看，好吗？"这一对老夫妻没有办法，只好将就住下来。第二天早上要离开了，看到服务员还站在柜台那里，就要付钱给他。服务员说："这不是饭店的房间，是我休息的地方，所以你们不需要付钱。"这对夫妻连声道谢后，就离开了小旅馆。过了不久，纽约第五街的一家五星级大饭店，专程派人来接小旅馆的这位服务员到大饭店去做总经理。为什么？因为他的服务精神。这个时代都讲究服务，服务好，就能让社会大众接受；服务不好，就没有人要。

这里有一位小朋友，是我们最小的义工，他很会擦桌子，这是很了不起的。我这一生很感谢我的父母，虽然家里贫穷，但是他们给了我勤劳的性格。我很喜欢做事、扫地、擦桌子、刷锅、洗碗，因此外婆很喜欢我。有一次我在扫地，记得那时才八九岁，听到外婆说："有志没志，就看烧火扫地。"我不大懂外婆的意思，那时候我心里想：扫地、烧火有什么了不起？跟立志又有什么关系？不过总不能跟外婆辩论。现在回想起来，觉得这句话真好，一个有抱负的人，要从基础做起，基础就是烧火、扫地、择菜、煮饭、挑水。所以这位小朋友从小就来服务，未来在社会上必定有价值。

现在台北市有很多父母都把小儿女送到寺院里学习。记得在四十年前，那时我还没有什么名气，台湾有几所中学的一些孩子，都是小流氓，很调皮，学校没有办法管教，当时正值工业起飞，父母都忙着赚钱，学校管不了，教育局也没有办法。后来教育局联络学校，把这许多问题学生带出来接受特别训练，但学生还是不听话。

有一次，他们把学生带来佛光山，因为我也办教育，他们就请我替孩子们上课。记得有二三百个小孩，我替他们上课以后，统统都变好了，很乖、很听话。校长、老师们觉得很奇怪，连教育专家对这群小孩都没有办法，一个和尚怎么有办法让孩子们都听他的话？

因为老师都是命令学生："不要动！""不可以！""站着！""罚你站二十分钟！"小孩当然都抗命、不高兴。可是我不这么做，我觉得不要计较，只要他觉得我很好，就会听我的话。所以我都赞美他们："你们做得很好！""你们的笑容很好看！""你们这么安静，很好！"他们听到我的赞美，就更加安静，这就是善的因果循环，平常老师们跟学生都是恶的因果循环。后来我和这些教育局长、校长、老师成为好朋友，现在他们应该也都八十多岁了。

能干的主管、父母，对部属、儿女、朋友，都是"可以""好"；没有用的人，都是"不可""不会""不可以这样""没有办法""不能这样"，人家听了当然不欢喜，于是就造成对立。

所以我们做义工，不必怕困难、辛苦，因为能服务、帮助别人，代表自己能干、有能力，不要常常做一点事就讨功劳。在佛光山，有的徒弟跟随我出家四五十年了，像慈容法师已经出家六十年，出家几十年的也有好多位，我最不喜欢听到一些年轻人说：
"我在佛光山二十年了，二十年来，我最宝贵的青春、人生最黄金
的时代，都悄悄地过去了。"他也不是怨叹，只是表示二十年来的
委屈。后来我说："我出家七十几年，这么老了，我有什么？我也
没有多长一只眼睛、多长一张嘴巴、多长一只手。人老了，没有用
了，这是很自然的，讨什么功劳？常住给我们饭吃，给我们地方睡
觉，给我们一个名分，还嫌不够吗？你还要什么？"

有些人贪欲心很大，想要的很多，代表他很贫穷。假如你能够
什么都不要，只管服务、给人，就表示你很富贵。例如我给你一个
笑容，表示我有很多欢喜；我给你一句好话，表示我有很多好话；
我替你做一点好事，我这双手便是富贵手。

刚才说过，观音菩萨、阿弥陀佛、释迦牟尼佛，乃至自古以来
很多大德、法师、大善之士，都是人间的义工。我们向他们学习，
不一定要做大学教授，长于学问；也不一定要做企业家，长于赚
钱。做一个小人物，虽说是小人物，但能够替人倒一杯茶、添一副
碗筷、给人一点欢喜，欢喜是很伟大的。一个人即使再富有，如果待
人刻薄，就没有什么了不起；假如是个小人物，能待人好，做人间的
义工，把欢喜、善美布满人间，在别人眼中，他也会是一个大人物。

因此，各位来到嘉应会馆，要学习什么？这里没有多少钱财，
也没有什么宝贝，能够学习以上所说的，就是财富，就是宝贝，一
辈子用不尽的。你们在这里学习以后，回到家庭、社会，不论身在
何方，过去只想到别人为我做，现在都想到我要为别人做；过去只

想人家要给我，现在都想到我要给别人；过去对别人误会、疑惑、责怪，现在觉得大家都很好，都能谅解大家。只要观念改变，心境自然会改变，人生必定变得更美好，这就是我所推动的人间佛教。

总之，做义工，不必要求人家给予报酬。你说，猴子表演过后，要给它吃一点东西，它才愿意继续表演；海豚表演过后，也要喂它吃小鱼，它才会继续演出；做义工需要别人鼓励，也是人之常情。不过这是一般的义工，真正懂得做义工的，并不需要奖状、夸奖、赞美、鼓励。我做了六七十年，要向谁讨功劳？功劳在哪里？功劳会永远存在于时间里，永远地在空间里，无形无象，永远使用不完。有形是有限的，无形才是无限的。

星云日记

帮助别人不一定要出钱，有时出力气、说好话、做好事更重要，因为这里面含有很多的法宝。法宝是人人本来具足的，但是一般人不会应用。有人说，我不会说好话、不会出力、不会做善事。真的什么都不会也没有关系，至少我有一颗心，就以"心香一瓣"，祝福别人平安幸福、增福增慧。或许别人并没有真正获得利益，但是自己的一片好心，足以上达三世一切诸佛，功德也是无量无边的。

喜舍人生

第六辑

生命在哪里？在家庭里面，生命没有了；在吃饭穿衣里面，生命也没有了；在看电视、自我娱乐里面，生命就没有了。大家要记得，即使是一点的生命，都是我们的本钱，各位要好好利用。生命的意义，在于奉献、在于服务、在于工作、在于走出去。

学会"给"

我们取之于社会，就必须有所回馈，用之于社会。

人的欲望有两种，一种是"善法欲"，善的欲望很好，比方我要读书，我要做好人，我要好的职业，我要为国家、社会作贡献，我要坚守道德，我要行三好——做好事、说好话、存好心，这些都是好的欲望。欲望是一个动力，人不能没有欲望，因此要择善固执。

另一种是"染污欲"，就是不好的、肮脏的欲望。例如，吃饭只要吃饱、淡泊就好，你偏要过分要求珍馐美味；住房子只要多少空间就好，你却过分要求享受，造成浪费；践踏别人、成就自己，不知贡献、只想需索，这些欲望都不好。

对治欲望，我们要学习"给"，给人是富有，接受是贫穷。你说没有钱，能给人什么？可以给人一句好话，给人一个笑容，给人一点因缘。给人，不一定给钱，就像从事新闻媒体工作的朋友们，给予大众正确的观念，社会就能不断进步。

另外，如不受金钱买动，非礼勿取；不相信不实的言语；不贪取不当的名位；不留恋不当的爱情，君子爱人以德，不能说别人爱你，你就不得不接受，尤其婚外情、破坏别人家庭，都不应该。不受金钱诱惑，不受爱情诱惑，不受名位诱惑，不畏威权势力，都是自救的方式。

"五戒"是佛门的戒律。"不杀生"，不侵犯并尊重生命的自由；"不偷盗"，不侵犯并尊重人家财产的自由；"不邪淫"，不侵犯并尊重人家身体名节的自由；"不妄语"，不侵犯并尊重人家名誉的自由；五戒是杀、盗、淫、妄、酒，"酒"就是"不吸毒"，不侵犯并尊重自他的智慧与安全。"不依规矩，不成方圆"，戒律是自我管理的规则，也是非常具体的解决之道。

解决问题，就如修路一样，如果这条路不好走，不能想"它本来就是这样啊""没办法，它就是不好走"，而应该想"非要修一条高速公路不可"，这就是改变，人生必须不断修正自己的观念，尤其是错误的观念，不能一直错误下去，否则永远不能进步。

星云日记

人心随着五欲六尘在飘荡，吃、喝、玩、乐、好名、好利，任其放纵，致使人心不安，失落了自己，故要在换心、改性、回头的当下，将迷失的心找回来。人不要做行尸走肉，要内外如一，人非只有一世，人死后心识是要"搬家"的，故心要好好经营。

> 人心不但要有爱，更要有功德，任凭一生的事业、财富、名利有多么辉煌，但最重要的仍是要将自己的心找回来。一个家没有主人不成家，一个人若没有心则不成人，故在帮助青年、儿女们将心找回来时，除必须要有智慧、宽容、道德、友谊、诚实、明理外，还要有更多的方便。

爱的扩大

有一位表演大师上场前，他的弟子告诉他鞋带松了。大师点头致谢，蹲下来仔细系好。等到弟子转身后，又蹲下来将鞋带解松。有个旁观者看到了这一切，不解地问："大师，您为什么又要将鞋带解松呢？"大师回答道："因为我饰演的是一位劳累的，长途跋涉的旅者，让他的鞋带松开，可以通过这个细节来表现他的劳累憔悴。"

"那你为什么不直接告诉你的弟子呢？""他能细心地发现我的鞋带松了，并且热心地告诉我，我一定要保护他这种热情的积极性，及时地给他鼓励，至于为什么要将鞋带解开，将来会有更多的机会教他表演，可以下一次再说啊。"

摘引自《哲理故事三百篇》

日本有一个小女孩，她的父母在大地震中被水卷走了，她没有流眼泪，而是帮忙救灾。有记者问她："你为什么不难过、不伤心？"她说："这时候，我没有资格难过，我要帮助苦难的人类。"记者又问："你的父母都随着海啸而去，你不痛苦吗？"她回答："我痛苦，我爱我的父母，我更要用爱父母的心来爱大众。"我觉得这是面对苦难时很重要的想法，不要自我设限、钻牛角尖，要把对亲人的爱，化作对普世的大爱。

面对外在的灾难，我们首先要问：心灵是否出现毛病了？身体生病，心灵也会生病。心灵有哪些毛病？贪欲、嗔恨、无明、嫉妒、疑惑等，佛教称之为根本的毛病。人生负担着这许多根本毛病，心理不健康，再加上后天学习的欺骗、不诚实、说谎、自私、蒙蔽等，成为现在污染社会的毛病。

既然问题的根源在于心灵的毛病，那么探讨"心灵自救"则成为一个重要的课题，因为不论通过父母、师长或社会，外在的力量总是有限的，最有用的方法还是靠自己。

在自救以前，很重要的一点是"自觉"，自我觉省。一个人知道自己生病才会看医生，肯承认自己的错误才会想改进。不自觉、不承认错误，就谈不上自救。

那么，如何自觉？比方说，自觉慈悲心不够、惭愧心不够、勤劳的力量不够、对人的真诚不够、忍耐力不够，当一个人自觉自己不够、不足时，就会想到改进、自救。

如何自救？举例说，假如自觉慈悲心不够，可以换个立场、人我对调，想想"假如我是他"，明白对方的痛苦，自然能生起慈悲心。

自救有一点非常重要，就是认错，不认错就不能自救。如一个人生病，却不承认自己有病，又不去看医生，怎么会痊愈？因此，首先要承认自己的错误，并承认自己需要别人的救济。

关于救济，社会上有很多好因好缘，例如通过读书，中国历史、哲学中有许多道理，当然道理再多，自己也要懂得运用；又如交朋友，可以互相提携；又如工作，通过在做中学，就能慢慢从中体会许多道理。

地球需要救护，所以人类提出环保，社会问题复杂，人类也想办法解救，然而更重要的，是每个人自己要自觉、自救。让一个人腐烂、堕落是很容易的事，让他懂得自救则比较困难。例如戒烟、戒酒很不容易，面对社会上的诱惑，让自己不受污染也很不容易，因此必须自力自强。

参禅就有定力，没有力量，则易受诱惑；持戒才能自由，不守法就是违法，因此要以戒律管理自己，以戒律让自己自由。"平常不做亏心事，夜半敲门心不惊"，人在世间，能做到"仰不愧于天，俯不怍于人"，无愧于父母、师长、朋友、全人类，就是自救。

无明是我们人生的根本烦恼。常有人问："人从哪里来？"从爱而来。爱是什么？爱就是无明、不明白。爱，虽然看不到、摸不着，但它是存在的。有爱，就有恨，有人因爱生恨，也有人不打不相识，总之，人的心理变化很多，因此，如果要自救，首先要救心。

简单来说，不明理就是无明，然而说自己很明理、强词夺理者，也是无明。凡是说这个不对、那个不好的人，基本上自己本身就有毛病。你为什么不往好处想，而要看人家的错误？所以不要说理，要往好处想、自我认错，才容易被人接受。

> 欢喜：世界上最宝贵的东西，不是金钱，也不是名位，而是欢喜。欢喜让这个世界充满了色彩，欢喜让我们的人生充满了希望。因此，我们要常怀一颗欢喜的心。

人生的四个"客人"

> 生命实在是一种无价之宝，对所拥有的东西，应心存感恩、感激，尤其是健康的身体。

人在世间生活，必须具备各种生存的条件。人生最基本的生活需求，第一是"平安"，第二是"财富"，第三是"成功"，第四是"慈悲"，兹分述其重要性。

第一，平安：平安就是生命获得安全的保障。人从出生开始，就害怕被伤害、被侵略，所以要保护自己，也就是要求得"平安"。例如，小孩以哭闹来寻求大人的保护，青少年发愤读书勤求知识，也是为了保障人生未来的安全，士农工商无不想要获利，以期能够安全地生存。乃至人的一生除了"养儿防老""积谷防饥"，到了老年甚至要用拐杖，以策安全，因此人生最大的需求就是"安全"。

第二，财富：人为了达到安全，要有财富，只是财富于人虽然可以满足物质上的需求，但有时"人为财死"；尤其财富虽然重要，可惜财富乃"五家"所共有，因此人在追求金钱、股票等财富之外，如果能具足智慧、健康、人缘、满足等另类的财富，人生就会更加圆满。

第三，成功：自古"一将功成万骨枯"，这不算成功；有的人抢搭顺风车"一人得道，鸡犬升天"，这也不算成功；有的人侥幸"一登龙门，身价百倍"，这也不算成功；有的人未经努力，"一蹴即成""一呼百诺"，都不一定是成功的。真正的成功是万家灯火、万缘具足、万众同享、万人和谐，能够"皆大欢喜"，才是真正的成功。

第四，慈悲：人生什么都可以缺少，但是不能缺少慈悲，佛门讲"慈悲为本，方便为门"，慈悲有消极的慈悲、积极的慈悲，热闹的慈悲、寂寞的慈悲，一念的慈悲、无限的慈悲，有缘的慈悲、无缘的慈悲，有求的慈悲、无求的慈悲，一时的慈悲、永恒的慈悲等。慈悲之心是万物所以生生不息的泉源，人间因为有慈悲，所以有欢喜、有快乐、有希望、有未来。

　　总结上面四件事，就如同要请四个"客人"回家，四个"客人"的名字分别是：平安、财富、成功、慈悲。在这四个"客人"当中，慈悲最为重要，如果能把慈悲请进门，平安、财富、成功自然都会跟着进门。

星云日记

　　人我相处之道在于彼此快乐，能如此才能安心、安住，吃、住方面的不如意尚是其次，不要太介意别人的一句话而起烦恼，世间没有什么不可以的事，只要商量、沟通，站在对方的立场"体贴"一下，不以情绪处事，自然能和乐共处。

　　"人生难逢开口笑，你苦什么呢？

　　兄弟姐妹皆生气，你争什么呢？

　　得便宜处失便宜，你贪什么呢？

　　前世不修今世苦，你怨什么呢？

　　冤家相报几时休，你恨什么呢？

　　虚言折尽平生福，你假什么呢？

　　欺人是祸饶人福，你疑什么呢？"

　　世事如同棋一局，有远见者胜。有恩不求他报，凡事不要太过计较，忍不下时，用力再忍，"难忍能忍"，则一切均能如意自在。

"人我调换"的智慧

晚上，七里禅师在诵经时，有一强盗手拿利刃进来恐吓道："把钱拿来，否则这把刀就结束你！"

禅师头也不回，安然无事地说道："不要打扰我，钱在那边抽屉里，自己去拿。"

强盗搜刮一空，正要转身时，七里禅师就说："不要全部拿去，留一些给我，明天要买花果供佛。"

强盗要离开时，禅师又说道："收了人家的钱，不说声'谢谢'就走了吗？"

后来强盗因其他案子被捕，衙门审问知道他也偷过禅师的东西，衙门请禅师指认时，禅师说："此人不是强盗，因为钱是我给他的，记得他已向我谢过了。"

强盗非常感动，后来于服满刑后，特地皈依七里禅师，成为门下弟子。

摘引自《365个小故事 365个大智慧》

人，都是一步一个脚印。人初生下来，依靠父母，再来依靠老师，最后依靠朋友、社会，依靠国家，他主要是要依靠因缘。你看有的人，他没有求发财，却有好多因缘来找他，为什么？表示他过去有培养因缘。随便一颗种子，播撒到地上，给它阳光、水分，就生长成一棵大树，结了累累果实。有的人在那里怎么耕耘辛苦，所赚有限，所以这就是福德因缘，给予人的影响很大。

那么我们学佛的人，叫做"要学佛道，先结人缘"。我待你好，我说一句好话；我待你好，跟你点个头，就等于刚才说悲智愿行，我们要如何实践它？你说慈悲，慈悲要辛苦、要给人，谁肯给人呢？你给我可以，叫我给你很难，善财难舍啊！

但是假如你想到因缘、智慧，把人、我的位置调换一下，假如我是你，你那么苦，现在我是你，那怎么办？必定要人帮一下忙，因此你苦，我就要帮助你。

所以这个慈悲心的升起，要有"人我调换"的这种智慧。你说发愿，要勇敢，要勤劳，这个世间没有不劳而获的财富，它都是要辛苦、勤劳，培养因缘才能获得的。

我自己也感觉到，我一个出家人，本来家庭也贫穷，在佛门也是受一种苦行僧的教育，什么都没有，但是感觉到在这人间的因缘还不错，为什么？很多的信徒、朋友都给了我很多的帮助。他们为什么要帮我忙？世间人很多，出家人也很多，我自己就感觉到，我待人有真心，我真心待他，他也会用真心待我。我想这个世间，人我之间都很需要菩萨的精神，悲智愿行，对人慈悲，发愿帮忙，自己要劳动服务，这些就是跟菩萨一样。

你是菩萨，人家就把你当菩萨了，所以我们今天倒不一定要去成佛，每个人学菩萨，现在就是菩萨。菩萨不一定是泥塑、木雕地供在那个地方，菩萨是活的。现在你说，我愿意为人做一件事，你就是一个菩萨；我愿意为你服务，你就是一个菩萨，菩萨就是发心。

发心给你一个笑容，发心给你一个敬礼，发心帮助你，所以我们都能成菩萨。初发心的菩萨，我现在开始发心了，慢慢地向上，菩萨有五十一个阶位，就像一年级、二年级……有五十一年级，升到五十一年级，叫等觉、妙觉，就快要成佛了，就是观世音了。

人的烦恼就是痛苦，人到世间应该是快乐的，为什么要自寻烦恼呢？人的贪欲，人的嗔恨心，人的愚痴，人的嫉妒，人的怀疑都是烦恼的来源，主题的烦恼就是"我"字，我执、我要、我见、我想、我认为、我以为，都是"我"，这个时候烦恼就来了。人的身体好像是一座村庄，里面住了眼睛、耳朵、鼻子、嘴巴、舌头、身体，佛教里称其为"五识"。第六识就是心，心是村长，它管理这五个人，这个村长如果很好，就带领村民做善事。如果这个村长不好，就带领这五个村民到处去为非作歹，做坏事，所以佛教现在也讲修心，先要掌握住自己的心，要给它升华、给它扩大、给它清净、给它慈悲。

人，什么都可以不要，慈悲心不能没有。心如果有了慈悲，就能做眼、耳、鼻、舌、身的模范。不过，这个心也是特别麻烦的，心如盗贼，心如猛兽，心是"千年暗室"，很黑暗的，所以要参禅、念佛、修行，假如有了智慧般若，有了慈悲，有了佛法，千年暗室，一盏灯就明亮了。

有一则笑话——

老李被倒账，召集债务人宣布："只要你们肯发誓，说出来生如何偿还我，我就烧掉借据。"

甲："我愿来生变狗，替你看门。"

乙："我愿来生变牛，替你耕田。"

老李点点头把借据烧掉了。

丙："我愿来生变成你的父亲……"

老李大怒道："你欠债不还，还要讨我便宜！"

丙："就因为我欠你的债太多了，做狗做牛也还不了，只好做你的父亲，为你劳碌一辈子。"

欲望流

有一个欧巴桑在首饰店里看到两只一模一样的手环。

一个标价五百五十元，另一个却只标价二百五十元。

她大为心喜，立刻买下二百五十元的手环，得意洋洋的走出店门。

临出去前，听到里面的店员悄悄对另一个店员说："看吧，这一招屡试不爽。"

摘引自《小故事 大启示》

心就像发电厂，电力如果旺盛，只要你随便开一个按钮，电力就很充足。你要先健全这个心的电源、电力，心灵里面是电力公司、自来水厂，是活水源头；佛教讲金钱、爱情、世间的幸福、安乐，要自己努力奋斗；但是心灵不健全，不向自己的内心追寻，光靠外面还是有烦恼。所谓"闻、思、修入三摩地"，听闻世间的知识后要思想、思考，然后去实践。闻、思、修的阶段会帮助我们开启心里的世界，心里的世界都开了，大地山河都在我这里，我还有什么其他的需要呢？

欲望有两种，一种是人我的欲望，是烦恼的；一种是善法的欲望，是好的。我要读书，读书不是坏事；我要升官，甚至我要发财、我要谈恋爱、我要服务、我要对你好，这都很正常，有了善法欲，就是我要有道德、我要有人格、我要广结善缘、我希望大家赞美我，这也是一种欲望，是好的欲望。

不过，人我的欲望就是自私的，都是个人享受，甚至以侵损别人为乐趣，这种欲望要减少。所以欲望，平常就要把它分开，善法欲多多益善，人我的欲望则尽量把它减少。

只要不侵犯别人，不要让别人受苦，至于我个人有没有，也不是罪过。发财也不是错误的，升官也是自然的希望，总之，你不能损人利己。有的欲望是能达到的，有的是空幻的，是不能达到的妄想，达不到就烦恼了。所以，我们实事求是，落实生活，我的能量有多少、我该有多少，我就拥有多少，超越了，就会起烦恼。

过去的过去了，还会再来。像春夏秋冬，冬天会过去，春天会再来；像人生，生老病死，老病死了，不过还会再生；就如时钟，从一点钟走到十二点钟，它又再回来，这个世界永远是一个环形，即所谓的"因缘果报"。当然前世、今生、来世都有关系，来的会来，去的会去，来来去去，去去来来，所谓生了还要死，死了还要生，生命不死。

在我们的了解，人死亡的只是身体，物质的东西是无常的，但是心灵、生命不是，它等于木材，这块木材烧完了，另外一块木材接下去，生命之火一直会延续。所以，为善事、做好人，不要灰心，不要以为死了都没有了，都落空了，它会"一江春水向东流"，不论流到哪里去，最终还会流回来。

星云日记

山可以挖洞，海可以填土，但人"心"要如何去开发？要靠自己。大多数的人都会隐藏自我的缺陷，不敢将毛病说出来，如何开发？不要循习中国古老的陋习——心中有事口难开。我非常欣赏军中的一句名言："讲清楚，说明白。"凡事能讲清楚说明白，那是开发能源的最简便方法了。要自我开拓本具的潜能，不要开发烦恼。如慈悲心、忍耐力、般若智、欢喜心等，从开发中可以发现自己拥有的"财富"有多少。

有生就有死

> 人活在世上，好比乌龟背着躯壳一样，负担沉重，行止笨拙，而死亡就是脱离了这个沉重的躯壳，转化了有形的生命。

常说"死亡，并不是那么可怕"。这个要看程度，对于一个完全不了解死亡的人而言，死亡当然可怕。像刀山油锅你怎么会不怕？地狱鬼怪你怎么会不怕？死了以后，无影无踪，不知道要做什么、到哪里去，他当然会害怕。所以要有信仰、要了解，知道我会到哪里，知道我的目标是什么，就不会那么畏惧了。生也好、死也好，都是很美好的，不要把死亡看得太严重。

中国人尤其怕死。究其原因在于十八层地狱、刀山油锅、牛头马面等思想根深蒂固，总想到死了以后会做鬼、会下地狱。我们人间佛教是以人为本，人要讲究自在、讲究解脱，而不是烦恼、束缚；不是被五欲尘劳每天围困着，人是可以从中超脱出来的，甚至可以从生死中解放、解脱出来。这个过去在中国也是有的，例如有的伟大人物杀身成仁、舍生取义，他们在道义面前，生死算不了一回事，所以有的人能够把生死平衡来看，能了生悟死，明白有生就有死。

有一个禅师，在一个老年得子的人家门口掉眼泪，这户人家当然不欢喜，说道："禅师你要化缘，我就布施你两个钱嘛，何必在这里哭？主人可是生了儿子呢！"禅师说："我不是要钱，我是在哭你们家里多了一个死人！"

人通常只看到生，但只要看远一点，再过几十年，其实生就是死。同样地，你也不要把死当成是死，死了以后也会生，不死怎么生呢？比方像你的衣服破旧了，你不换了它，怎么把新的衣服穿上？所以生死其实是一，不要把它看成是二。生命好比木材，一根木材烧完了接着再一根，一根一根的木材不同，但生命之火是不断在燃烧的。

人之所以遗憾，大概是认为自己这一期生命所拥有的父母、朋友各种关系，一旦死了，统统都没有了，换到另外一个世界以后，又要重新再来，会觉得不舍。虽然说有缘会再相聚，但是人会觉得，即使是相聚，不过彼此都不认识了。比方我们过去生中可能是一家人，可能存在某种关系，只是你换了这具身体、我换了这个身份以后，所谓"隔阴之迷"，五阴，就是身体，我们迷惑了，你不知道我是谁，我也不知道你是谁，觉得很遗憾。人生本来就遗憾，因为你在迷，悟了就不遗憾了。

外来的力量帮忙是有限的，一切的改进，还是要从自己的心地、内在开始改起，力量比较强。像刚才谈教育，教育改良也不是那么容易，难道家庭教育就能改变孩子吗？如果答案是肯定的，那么每个孩子应该都很好了，然而事实却没有。

学校的教育就能改变学生吗？不见得。社会就能改变一个人吗？也不见得。那么要怎样教育才能改变？自觉的教育，自己要能觉悟："啊！我不对。""啊！我惭愧。""啊！我错了，我要改进。"自觉才是最大的力量，佛陀就是自觉、觉他、觉行圆满，一切从自己开始。教育要自觉，信仰也是，信仰不是只求神明来保佑、帮助、让人发财。信仰在我们心中，是给予力量，让人能面对现实，面对很多的艰难困苦，让我改进、净化、向上、向前，给我力量。

信仰也是一种教育，假如我心中有信仰、心中有佛，当我要开口骂你的时候，我会想："我是信佛的，我能骂你吗？""我要打你，不过我是信佛的，怎么能打你呢？""我能偷吗？能抢吗？"我就会自觉我这个不能、那个不能，如果大家都能做到，社会上负面的问题自然会减少，正面的就会增加了。

人的这一颗心，有两扇门，这边一扇门，那边一扇门，这边的门是私心，另一边的门就是公心。私心的这扇门，总是希望什么都能拥有，钱财、爱情，一切自己喜欢的都要来啊、来啊。问题是这个"来"，从哪里来？你没有去赚钱，又没有贡献，也没有苦功，它怎么来呢？不能来的。当不能来的时候，我的私心就会想去追寻，寻找功名利禄、寻找"我要"的东西，满足我的欲望，无形中累积贪、嗔、愚痴、邪见、嫉妒，这些有如刀山油锅、悬崖绝壁，多么危险！

另外一扇门里面，有朋友、有圣贤、有道德、有教育、有正派，什么都是好的。每一个人都有这两条路，一边一条，在此中来来往往，你要选哪一边呢？依我的看法，选自私的，会有不好的后果；选正派的，虽然一时间不会发财富贵，但会安全。

> **星云日记**
>
> 人们普遍关心前途、命运、金钱，较少重视心灵净化。其实这三者是互为因果关系的，心好命就好，命好钱就多，真正的财富存在于身体的健康、内心的满足、正确的信仰、包容的心胸、前途的美好、生活的幸福、眷属的和谐、灵巧的智慧及发掘自我本性的能源中，只要心灵能够净化，这些内财自然具备。

不变随缘

....
生不足喜，死亦不足悲，唯以庄严的心态面对之。
....

死亡是很自然的，不是死亡的那一刻才叫死亡，人在出生的那一刻就注定要死亡。死与生是在一起的，生了要死，死了要生，这是很自然的，因此不必忌讳。

过去有一位良宽禅师，他的字写得很好，有位老先生过寿，请他题字祝福，良宽禅师提笔写道："父死、子死、孙死。"老先生很不高兴，问禅师怎么写不吉祥的话呢？

良宽禅师说："父亲死了，才轮到儿子死，然后才轮到孙子死，是最合乎人生伦理次序的；难道你要孙子死后儿子死，再轮到祖父死吗?"

不少人恐惧死亡，是因为怕死后什么都没有了，不过宗教告诉我们"轮回"的观念，死了以后会再来的。佛教说的"世间无常"是真理，如大楼会倒塌、家具会损坏、衣服会破损，但无常并不消极，反而更积极，只要我的信心不坏、信心不倒，可以再建好的大楼、再造好的家具、再做好的衣服。总之，有信心，就有办法。

气候有春、夏、秋、冬，我们无法要求时间停留；事物有成、住、坏、空，我们无法要求物质不坏；同样地，人生有生、老、病、死，我们无法要求不老、不病、不死，也不可能要求死了以后不要来生。无常是真理，真理是不可违背的。

所以，要懂得佛教的"因缘果报"。一颗黄豆的种子，你把它埋在土里，它有了土壤、阳光、空气、水分的因缘，就会慢慢成长。世间万物都离不开因缘果报的关系。

人会留恋生、惧怕死。害怕死了以后，什么都没有了。不但认识的朋友、拥有的家财没有了，死了以后要到哪里都不知道，所以恐惧。假如懂得佛法，"欲知前世因，今生受者是；欲知来世果，今生作者是"，一切都脱离不了因果关系。

所以佛教对中国社会最大的贡献，就是"因果论"，无论什么东西都有因果法则，因果可以规范我们，"善有善报，恶有恶报，不愁不报，时辰未到"，要相信因果。

　　"不变随缘"，"不变"，是对自己心里的道德、善念要有不变的原则，例如我尽力、我坚持、我守法、我守道、我要做好人，不因为外在的条件而改变自己的原则。"随缘"，是随顺当前的环境，无伤于道德理念，例如和别人吃一顿饭，或别人来我家里拜访，都不要紧的。

　　"不变随缘"，是一句鼓励的话。对自己的理念、好的理念要有不变的原则，但对于不好的东西，还是要变。这个时代，外在环境变化剧烈，不过，自己要懂得分辨，如果它变好，我也要跟着变好；它变不好，则坚持"它变，我不变"的原则。变与不变，自己调整。

　　"舜何人也？予何人也？有为者亦若是"，"没有天生的释迦，没有自然的弥勒"，一切都必须靠我们自己立志。

　　中国人说立志，佛教说立愿、发心，发心从不好变好，发心让好的变得更好。变与不变，都在心的一念之间，我们不能只要求别人做好事，认为只有别人做得到，更不能说我们只是社会大众，又不是佛陀、圣贤，所以不好是应该的。提升道德、净化人心，人人有责。

　　在佛教里，人人是佛。释迦牟尼佛成道时即说："大地众生，皆有佛性。"假如你肯认"我是佛"，就不会做坏事，就会自我要求，这就是自救。自救需要力量，力量来自信仰和信念、精进不懈、保持正念善念、禅定和智慧，佛教称之为"五根五力"，即信、精进、念、定、慧。

"信"，不一定要信佛，最重要的是信仰自己，信仰父母，信仰国家，信仰社会。有信仰，就有力量。

"精进"，就是勤劳，不停地往前进、不能停顿、不能退步，念兹在兹于自我的升华与扩大，如运动选手，自许跳得更高、跳得更远、跑得更快。精进，就有力量。

"念"，保持正念、善念，给自己正面、积极的力量。

"定"，不受诱惑、不能随便，坚持做人的原则。不能口中说自救，却因为人家的一两句话，就灰心、失意，甚至放弃。不明理、责怪别人都不能自救。有定，就有力量。

"慧"，通过信、精进、念、定的实践，渐渐降伏妄想、执著等烦恼，这就是智慧。有智慧，心中就有无限的力量。

佛陀大慈大悲、大智大愿，我们既然知道不及他，更应该要惭愧，并效法佛陀，不可以说他是佛祖，我是凡夫，就给自己自甘堕落的借口。现在要自救、自觉，先摒弃"我就是不行"的想法，同时提起"他行，我也行"的信念，这一信念很重要。

星云日记

一般人皆追求心外的财富，钱财有了，但生活并不快乐也没有安全感，主要是不知也不懂还要去探求心内的财富，如道德、慈悲、满足、欢喜……这些才能真正给予我们快乐、幸福和踏实，也才是我们人生真正要追求的究竟所在。在世间，心外的财富要放下时则放下，该提起时则提起，否则就太辛苦了。

多福多寿

> 生命是相互的，是因缘的。想独存，想个己，那就没有生命了。

孔子的弟子颜回活了三十一岁，岳飞活到三十九岁，佛教的僧肇大师跟随鸠摩罗什学习，他的一部《肇论》，至今在哲学界还是很了不起的著作，他也是活到三十一岁。

有人说好人不长寿，也不尽然如此，不然谁愿意做好人呢？好人长寿的不是也很多？据我所知，赵州禅师活到一百二十岁，菩提流志活了一百五十六岁，可见长寿的也很多。说到寿命，过去中国有一个统计，人口的平均寿命为十九岁，大概很多小孩生下来就夭折了，当时的医药也不发达。现在医药发达，讲究健康，一般人平均都有七八十岁。不过人长寿就一定好吗？也不一定。

我今年八十多岁，你问我现在究竟想活还是想死呢？我是随顺自然。不过死亡是必然的，我想人这么老了，快死了，死了以后，大家第一个关心的问题是："星云大师有多少钱？"钱多很不好，一个出家人要那么多钱做什么？所以前年在美国洛杉矶，有一次，我问一个徒弟我有多少钱。

他说："你哪里有钱？你的钱不是都用了吗？"

对的，我常说，钱用了才是自己的。不过我也不相信，难道我一点钱都没有吗？

他告诉我："你的钱在大陆，大陆有好多人出版你的书，现在你的版税有一千多万。"

台币一千多万，太多了。我就提出将它做公益基金。过了几个月，我问公益基金多少钱了，他说，"三千多万。"我就好奇，难道利息有这么高吗？

徒弟说不是，是有人响应你，他们也把钱存进去做公益基金。

我说这样也好，就叫徒弟替我把那许多人找出来，我要写字送给他们。没想到才一年多，写出三亿元公益基金。

对于佛教的"舍就是得"，我现在也常常体会，你要得，先要舍，要会"给人"，要播种才有收成。

死也是一样，这么短寿，必定是亏欠别人的生命。所以台湾现在很热门的一个问题就是："死刑可以废除吗？"主管法务的人觉得应该要废止，大家就攻击他，最后他下台了。

我有一个意见，杀人犯很残忍，你杀人，那就被人杀，应该判处死刑，这是因果；不是杀人的罪，可以轻一点。这是我在少年、童年时期养成的一种对生命的看法。

比方说，一只蚊子来咬我，一般人都是一个巴掌拍下去，蚊子就粉身碎骨了。我觉得这样太不公平，蚊子才吸你一滴血，就以粉身碎骨来处罚它吗？太严重了吧。我那时候还是个孩子，有童心，决定饶过它，不过我也没这么大量，那怎么办？我学了一套本领，它来叮咬我的时候，我就立刻把手捏紧，它的嘴被我的肌肉衔住，动弹不得，我就调皮地跟它玩、恐吓它，它当然很害怕，玩了一两分钟，我把手放下来，它就飞走了。我觉得这个处分就很足够了。

我想，我能活到八十多岁，大概与我爱护生命有关系，但也不能活得太久，活得太久，太老了也很苦，像引擎老朽了，车子跑不动了，换一个新的引擎也很好。所以衣服坏了，就换一件衣服，身体坏了，就换一具身体。死亡并不可怕，好比"一江春水向东流"，无论流到哪里，还会再回来的。

星云日记

人有了财富之后，必须要有长寿的生命才能享受得到，一般人除了肉体的长寿外，实应着重事业上、言教上、信仰上的寿命。佛教对福寿的看法，在于心念的改变，命好不好并不重要，关键在心好不好。

福寿的缺陷

其实无常并不可怕，只要对无常有正确的认识就会知道，因为无常，才有希望；因为无常，才有未来。

多福多寿是人生在世普遍的希求，如何求得大富大贵、长命百岁，这是世人共同的愿望。但是福寿往往很难兼得，有人富可敌国，却英年早逝，无福享受，有人老耄长寿，却一生穷苦潦倒。欲得福寿绵延，必须福德因缘具足，才能增广福寿，绵延无量。

如何培植福寿的因缘呢？依佛教的看法，福寿不是上天所赐，不是他人给予，而是自己的业力感得，所谓自作自受，自己的净行善业能为自己带来无尽的福寿，自己的劣行恶业也会断绝福寿的因缘，糟蹋自己的幸福。佛教所讲的五戒，不偷盗就能拥有福报，不杀生就能永保长寿，因此遵守佛教的五戒，就能得到福寿。

《八关斋经》也说，受持八关斋戒，"福不可称计"。《法句经》则说："能善行礼节，常敬长老者，四福自然增，色力寿而安。"《法苑珠林》也告诉我们，如果实践七种布施法门，可以获得无量的福寿：一，设立佛像僧房；二，种植树木果园；三，常施医药救病；四，打造船只渡人；五，建设桥梁道路；六，点灯凿井施茶；七，建造浴厕便民。《大教王经》更说："欲得福禄，欲得长寿，福庆增盛，果报圆满者，应当作善，莫损僧宝，不灭法宝，不除佛宝。所得王位亦不动摇，所作大臣亦不损坏，所得人身延年益寿。"三宝、父母、师长、弟子、病人、急难、根缺、百苦，都是我们生长福寿的福田。

此外，古德说：

心好命又好，富贵直到老；命好心不好，福禄变祸兆。

心好命不好，转祸为福报；心命俱不好，遭殃且贫夭。

心可挽乎命，最好存仁道；命实造于心，吉凶唯人召。

　　信命不修心，阴阳恐虚矫；修心一听命，天地自相保。

　　一切的福寿果报都离开不了心地的修持，心地纯善，平时又能与人结缘，培植福寿的因缘，自然富贵随身，长命百岁。存心险恶，虽然能够左右逢源，享受一时的快乐，但是转瞬间就变成灾难祸殃。譬如抢劫偷窃别人的财富，虽然得到短暂的欲乐，但是却埋下日后服刑受苦的恶因，好比以舌头舔舐剑上的蜂蜜，虽然能尝到甜美的蜂蜜，却把舌头也割伤了。因此虽然眼前因缘不具足，只要宅心仁厚，心存慈悲，有一天灾祸也会转变成幸福。

　　求福添寿的因果之道固然经中多所明示，然而社会上一般人总认为要长寿多福，应该向神明、菩萨、佛祖祈求，把信仰建立在贪求、餍取的层次上。其实《法句经》说："祭神以求福，从后观其报；四分未望一，不如礼贤者。"福寿并不是有求必得的，如果自己不去培植福寿的因缘，福寿是不会凭空降下的。所谓"生天自有生天福，未必求仙便成仙"，自己不努力去自求多福，而把一切的责任完全推之于神明佛祖的身上，如此不合乎因果道理，正如把一块沉甸甸的石头放置在水中，却违反常理地希望石头不要沉入水底；相反，《龙舒增广净土文》说："现世多为吉善则增福寿……现世多为罪恶则减福寿。"如果我们所做所行合乎因果法则，应该享有福寿的果报，龙天神明也无法一手遮蔽，抹杀我们所应享的果报，正如浮荡在水面上的热油，纵然有人祈求说："油呀！油呀！请你沉下去吧！"油是不会呼应他沉入水底的。因此福寿的获得，是别人无法操纵的，即使神明也不能掌握我们的生、死、祸、福，一切都取决于我们自己是否努力去播种福寿的种子。

福寿具足虽是世人普遍的愿望，尤其"五福临门"——福、禄、寿、财、喜这五福齐降门庭，更是一般人心目中所企盼的幸福。然而果真拥有这五福，人生就美满无憾了吗？人生的幸福快乐就仅仅止于这五福的获得吗？其实世间一切都是有为法，福寿本身有时也有它们的缺陷，不是无漏究竟的。举例说，一般人常欣羡别人说："你真有福气！"有"福"就会有"气"！福是伴随着气一齐而来的。譬如儿女成群，儿女所带来的闲气也不在少数，幼小时担心他身心的成长；长大了忧心他能否成龙成凤；即使成家立业了，还要挂心他家庭是否美满、事业是否顺利。如果遇到不肖子孙，操心的事就更多了！儿女多，福气多；钱财多，福和气也如影随形接踵而至。钱财多，有时固然可以享受声色之娱，但是钱财有时也会带给我们意想不到的烦恼，何况周转不灵时，银行三点半那种焦虑的滋味，如同烈火焚身一样难忍。

福和气如身影一般关系非常密切，寿和老也焦不离孟、孟不离焦，无法分开。如平时我们也常听到有人说"祝你长命百岁"，甚至说"愿你活到一百二十岁。"

活到一百二十岁的人瑞也许是人人羡慕的对象，但是一个人如果真的活到一百二十岁，也许他一百岁的儿子已经寿终了，八十岁的孙子也逝世了，甚至六十岁的曾孙也撒手尘寰，一个须发皤皤的老人活得这么长久就为了要为儿孙送葬？这样的一百二十岁，生命的意义究竟在哪里？

　　所以，佛教认为世间的福寿并不究竟，不是我们所要追寻的目标。不过佛教也并非排斥对福寿的追求。只是佛教主张"求福当求智能福，增寿当增慈悲寿"。只有福报，没有智慧，就如独轮难行，单翅难飞，必须融合了智慧的福报才能功行圆满，有了智慧的福报，才能运用智慧把自己的福报回馈给一切众生。同样地，只有长寿而不知行善，这种长寿对众生而言，没有存在的意义。因此我们应该追求的是智慧福、慈悲寿。

　　说起寿命，人的生命，这一期过了，还有下一期，甚至有无限期的生命；正如花果萎谢了，只要留下种子，就会有第二期的生命、第三期的生命，乃至无量无限期的生命。也就是说，人的躯体是有为法，是有生有灭的；但是生命、心灵是无为法，可以无量寿。所以，求寿当求"无量寿"。

　　"无量寿"是阿弥陀佛的名号。阿弥陀佛不但称"无量寿"，又称"无量光"。无量寿超越了时间；无量光超越了空间。如果我们能把自己的精神、智慧、贡献，都流入无限的时空中，我们不就是"无量寿"了吗？因此，人除了珍惜肉体上的寿命之外，更应该留下：

　　（一）事业的寿命。开创事业，造福邦梓，泽被社会人群，譬如创建公司、工厂，一经营就是几十年，甚至百年老店，不但本身投注毕生的岁月，子子孙孙继承不辍，就是一种事业上的寿命。

　　（二）文化的寿命。人类生命的可贵，就在于文化的传递，祖先的嘉言懿行、历史的经验轨迹，都是我们文化的宝贵财产，如中国文化史上的文物、典籍，乃至佛教三藏十二部的经典结集，都是后世佛弟子要珍惜的文化寿命。

（三）言教的寿命。古人所谓立德、立功、立言，古今圣贤的珠玑教谕，让后代的人不断地沿用，他们的教言是人类智慧的遗产、文化的宝库。通过古人的著书立说，传之其人，文化得以薪火相传地绵延下去，言教上的寿命是超越时空，是和心灵交会的生命。

（四）信仰的寿命。中国人非常注重传宗接代的观念，事实上，不仅肉体寿命要传递，事业的寿命要接棒，信仰的寿命更要代代相传，灯灯相续，世世代代皆为正信的佛弟子，续佛慧命，就是信仰的寿命。

（五）道德的寿命。古人说"典范在宿昔"，中国历代的圣贤舍身成仁、杀身取义，道德的馨香遗留千古，后世缅怀，这就是"立德"的完成。

（六）智慧的寿命。智慧的寿命是解脱的、清净的生命，它包含欢喜、无私、慈悲、智慧的无量功德。无尽知识的宝藏，是佛家弟子应该努力体证与完成的生命。

（七）功德的寿命。信众在寺院中建殿堂、造宝桥、装佛像、印经书、植草木、供道粮等功德，留在道场中的是后人缅怀的事迹，子孙引以为傲的福德。僧众遗留在寺院中的功德是修持道行的潜移默化，除了升华一己的生命，更是长养后学修道者的信念，这种纯粹无所得，又无所不得的功德是永恒的寿命。

（八）共生的寿命。佛教中根深蒂固的惜福、惜缘等观念，用之于今日，就是爱护地球、注重环保、珍惜资源。让共生的环境、因缘能够持续，使互存的时空、条件得以绵延，俾令子孙后代在地球上能获得安乐、幸福、自在的共生寿命。

孔子说："朝闻道，夕死可矣！"生命的意义，不在尸位素餐，而在于明理达道，于世有益。因此《法句经》说："若人寿百岁，不知大道义，不如生一日，学惟佛法要。"世间的寿命纵然如彭祖活到八百岁那样长寿，最后仍然免不了生、老、病、死的现象；世间的福乐纵然贵如帝王一般稀有，终究归于生、灭、幻、空。因此，我们追求福报要追求生生世世的永久福报，而不要追求一世一时的短暂福报，如《金刚经》所言，一生一世的幸福是有限、有量、有尽、有为、有漏；永久的幸福是无限、无量、无尽、无为、无漏，是盗贼不能偷、水火不能侵的，是永恒不缺失的幸福。

有人说"人生七十古来稀"，有人说"人生七十才开始"。人的一生当中，即使你活了一百二十岁，你拥有家财万贯，但你究竟真正"拥有"多少？又"享有"多少呢？在时间上，即使你"拥有"人生百岁，但是你曾"享有"几时的清闲？在空间上，你"拥有"华屋美厦千万间，但是你曾"享有"过多少个清酣无梦的睡眠？在人间，你"拥有"家人，但家人是你的吗？你"拥有"许多事业，那些事业都能靠得住吗？所以，世间你所"拥有"的，不一定都能为你所"享有"；不是你所"拥有"的，也并不代表你就不能"享有"它！

因此，人的生活，重要的是要过得自在、欢喜。日常生活要有规律秩序，早睡早起，有一定的作息；心情要保持安和愉快，不轻易闹情绪，不随便发脾气；要让自己忙碌起来，忙碌于学习新的知识技能，忙碌于事业的创造，忙碌于服务社会人群，忙碌于自我生命的提升，把自己的生活充实起来，让烦恼没有一丝空隙可乘，如此自可享受放旷逍遥的欢乐人生！

　　总之，人到世间来，除了要把握时间、争取时间、利用时间多做有益于社会人群的事，以延长时间上的寿命以外，更应该努力创造美好的语言寿命、芬芳的道德寿命、显赫的事业寿命、不朽的文化寿命、坚定的信仰寿命、清净的智慧寿命、恒久的功德寿命、互存的共生寿命，如此才是真正拥有了福德与长寿。

星云日记

　　一个人除了求学外还要懂得做人，"为学"与"做人"如鸟之双翼，不可废失一方——为自求进步，故要"放下万缘，全部接受"。

　　为与人共事，故要"自己无理，别人都对"。

　　为增广见闻，故要"事事好奇，处处学习"。

　　为自我提升，故要"眼光要远，脚步要近"。

　　为顾全大局，故要"求精求全，瞻前顾后"。

　　为成就事业，故要"忍耐办事，委屈做人"。

　　佛法非口说，而重实践。有时想到讲者谆谆，听者藐藐，就有股恨铁不成钢之叹！每次讲、每次开示、每天耳提面命，听闻的学子可曾用心？

生命在哪里

> "动"是生命的活力，人生的意义在于能动。因为动，人才有思想，才有感情，才有活力；"懒"，不动，即不懂生命意义。

一个人在童年时代要接受养育，在青年时代要勤于学习，现在大家已经迈入中年，是"做"的阶段了，但要做什么呢？

过去的女人要做家事，但现在的女人不一定要做家事，她可以从事社会事业。过去的女人养儿育女，但现在很多女强人走入社会群众，为社会服务。又比方说，各位过去都是为了自己，如今在佛教里则是要为别人；过去你每天要花很多时间化妆，让自己有条件，现在则是要如何让社会有条件，让大众有条件。让生命扩大，才是生命的意义。

生命在哪里？在家庭里面，生命没有了；在吃饭穿衣里面，生命也没有了；在看电视、自我娱乐里面，生命也没有了。大家要记得，即使是一点的生命，都是我们的本钱，各位要好好利用。生命的意义，在于奉献、在于服务、在于工作、在于走出去。

做什么？大家要在做中学，不能只学习却不做事，学习以后还是要做事的，何况学无止境。因此大家要不断学习，终身学习。至于学习的方式，则随个人的自由。现在中国十几亿人口都在做，不过因为人太多，所以薪水也相对变少，这样才能让人人有事做。虽然只得到一点钱，不会吃饱，但也不致饿死。因此，到中国学习，不能完全为了薪水、待遇，要为了中国人、中国文化，体验各地的风俗人情，这些都比金钱重要。

做什么？过去台湾社会不讲究人需要有什么专长，不管你是职业学校毕业、高中毕业，还是初中毕业，会做事比较重要，否则即使是大学毕业，什么都不会做也是不行。因此，我觉得人在世间生存，至少要有三张执照。比方说我会做水电，我有水电的执照；我会做药剂师，我有药剂师的执照；我会做旅游事业，我有旅游观光的执照，三张执照是最少的。另外，像驾驶执照、厨师执照、咖啡师执照等，人生有一技在身，胜过百万财富，只要我有技能，走到哪里，人家都需要我。

假如你说自己没有什么技能，没有专业，只能负责杂务、总务，那也不要紧。像我做和尚，我会念经，也会煮饭做菜，甚至种菜、种花我也可以；其他如待客、招待，我是怎么会的？学会的。各位还没到七八十岁，还有本钱，有本钱就能用，无论是学习，抑或为人服务奉献，这些都是结缘，结缘对人生是很重要的，只要自己能为人所利用，人生就有意义。

过去有一个国王问一个出家人："眼睛是'你'吗？"

出家人说："不是。"

国王再问："耳朵是'你'吗？"

"不是。"

"鼻子、嘴巴是'你'吗？"

"不是。"

"身体是'你'吗?"

"不是。"

"心是'你'吗?"

"不是。"

国王追问:"那么'你'在哪里呢?"

出家人说:"国王,我也有一个问题问你,这扇窗户是房子吗?"

"窗户是窗户,怎么是房子呢?"

"门是房子吗?"

"门是门嘛,怎么会是房子?"

"木材是房子吗?"

"不是。"

"砖头是房子吗?"

"不是。"

"瓦片是房子吗?"

"不是。"

出家人最后说:"那请问房子在哪里呢?"

门、窗、木材、砖、瓦,这些和合起来才有一栋房子,不和合则不成。"我",眼睛不是"我",耳朵也不是"我",鼻子、舌头、身心等都不是"我",但全部和合起来就是"我"了,就有用了。国王听到出家人的回答,立刻悟到一个道理:"没错,世间没有单独存在的东西,必须靠相关因缘的结合才能存在。"

如果今天没有人煮饭，你没有饭吃，怎么能活下去？没有人织布，没有布做衣服，你没有衣服穿，生活怎么过？你要坐车，没有人开车，你能从高雄走路到台北吗？没有电，每天的夜晚没有音乐、没有电视，你的生活有趣味吗？你才知道，哦，原来我活着，是因为有这许多因缘，有这么多的服务、商品、音乐、电视、美术等供应我，我才能活着。世界要有种种的因缘才会存在，因此我们必须广结善缘，所谓奉献、服务、义工，就是这个思想，否则拿人家的拿太多了，将来是要还的，如果我能给、能奉献，人家将来也会给我的。

过去，大家可能只想到为自己赚钱，只想到"我要用、我要吃好吃的、我要穿的、我要住的，世间什么好的东西我都要"。现在不一样了，只要服务，只要为人。在这个世间，你能做到不求而有、不要而有，就能体会佛法里的"空中生妙有""以无为有"。

这个世界是一点一滴地在改变、改进，各位经过了胜鬘书院的学习，要换眼睛、换耳朵、换身体、换心。要如何换、如何改进呢？比方说，过去你认为困难的事情，现在经过了这一段学习，不会觉得困难了，而能勇敢面对；过去你没有兴趣的事情，经过这一段生活的培养，现在渐渐觉得有兴趣了；过去做什么事都提不起劲，没有欢喜，现在经过这个阶段的学习，学习到如何欢喜，见到任何人都能欢喜，做任何事都能欢喜。欢喜是人生宝贵的财富，在世间，无论是有形的财富，还是无形的财富，都不是别人能给我的，必须靠自己发掘，必须由自己制造，才能开创不一样的人生，建立崭新的人生观。如果经过这一阶段的学习，人生观却没有一点改变，那么两个月的时间就浪费了。

即使你现在已经年过半百，也不要紧，重要的是有生命力，像我已经八十几岁，每天还是满满的行程。就以八十岁为期，你们距离八十岁退休还有三十年，这三十年是很宝贵的，因为你们已经很有经验、阅历，也很能做、很会做。不过比较棘手的问题是，到了四五十岁，还是会有依赖男人的心理，把感情看得很重，需要另一半的心很强烈，又或者对自己的单身感觉畏惧、恐怖、孤单，茫茫不知未来，不知如何是好。

其实人不会孤单，如何不孤单？女人可以不必依靠男人，男人也不必依靠女人，坦白说，像各位到了这个年龄，男人对你们真的那么重要吗？我记得有一位女名人跟我讲过一句话，她说："师父，做一个女人很痛苦。"她就举了一个例子："就拿睡觉来说，女人哪里有一觉睡得好？不都是为了男人，痛苦不堪！"男人一下要喝茶，一下要喝水，一下要起来做什么，女人都不得不跟着男人动，哪里能好好地睡个觉？很痛苦。但也有的人持不同看法，觉得很甜蜜，彼此也能相亲相爱，很合得来，很习惯，但是这能长远吗？有保证吗？尤其是女人有一个最大的麻烦，就是生小孩，男人可以不要孩子，但妈妈不能，毕竟孩子是自己生养的，不能放下。

面对人生的种种苦难，大家要如何解脱？首先要能独立，自己要有一套生活的本领，另外，在健康的时候要能为人服务，当自己老了、病了，也会有人帮忙的。

今朝一别，虽然明日大家各奔西东，但可以偶尔举办同学会、一起参加法会，甚至回佛光山来相聚，在生活上、佛法上互相勉励，延续这一段难得的因缘。大家保重，阿弥陀佛！

星云日记

人在四大不调时，身体就有病；遇到不悦的事不高兴，心里就有病；恶口伤人或妄语，那口中就有病；摆着一副脸色给人家看，脸上就有病。"病"是失去健康而发生的不舒服，学佛的人要学得健康、学得平常，时常自我提醒，不要让身、口、意生病。有一首偈语说得很好——

"面上无嗔是供养，口里无嗔出妙香；

心中无嗔无价宝，不怒不恨最正常。"

另有一首佛曲，曲名为"礼佛"，歌词是——

"合掌以为华，身为供养具；

善心真实香，赞叹香云布；

诸佛闻此香，时复来相度；

如今勤精进，终不相疑误。"

有这么好的修持法门，若再让身、口、意生病，那可就太不懂事了。

抢"救"地球就是救自己

> 尽管外在的花花世界是虚虚假假、争权夺名，只要我们内心的世界无风无浪、无花亦无香，自然会有韩愈所说"与其有乐于身，孰若无忧于心"的知足与自在。
>
> 摘引自 《迷悟之间·花花世界》

地球生病了，就好像我们人的身体生病了。人生病了要医疗、要抢救，地球也一样，病了，要靠我们大家来关心、来抢救。

在佛教来说，地球是"依报"，我们人是"正报"，以人为本的佛教，认为这个宇宙之间"人"最宝贵。在天地之间，所有的动物、有情与无情，只有人能够站起来顶天立地，头朝天。不像其他动物都是背朝天，站不起来，所以人很伟大，天地赋予我们的责任应该是以人为本，因此对于我们所依赖的地球就要特别关心。

婴儿要依靠父母，人在黑暗中要依靠光明，老年人要依靠一根拐杖才会安全。现在随着岁月慢慢流转，地球慢慢老化，有病了，当然要靠我们来帮助它。

时间有春、夏、秋、冬，冬天过去了，春天不是还会再来吗？人有生、老、病、死，死了以后，人不是也会再生吗？生死是圆形的，不是直线的，所以人是"死不了"的。就像时钟的运转是环形的，一、二、三、四、五……十、十一、十二，它又会再回头。所以我常说"一江春水向东流"，流到那里去，又会再回来，人生也是会再回来的。

地球历经了几亿、几十亿、几百亿、几千亿年，乃至无量阿僧祇劫，在佛教来说已经是最长的时间，它还是有"成、住、坏、空"。成了要住，住了要坏，坏了要空。"空"不是没有，"空"了还会再"有"，有了这么一个空间，我们就能聚会。皮包、口袋有一点空间，就可以放东西；耳朵、鼻孔、肠胃有空间，我们才能生存。不"空"就不能存在。所以"空"很美，空是建设"有"，不"空"就没"有"。

佛教有一句话："四大皆空。"什么是"四大"？即地球之所以会成为地球，所仰赖的四种大元素。人，也是仰赖四大元素才有，是哪"四大"呢？地大、水大、火大、风大。所谓地、水、火、风，在佛教的重要名相里，将它们称为"四大种"，宇宙万有，包括地球、人生、一花一草，都是由这"四大"所构成。

有时候我们见到人会问"你'四大'调和否？"四大调和，就表示健康。如果说："我现在'四大'不调"，表示地、水、火、风不顺，那就要生病了。花，需要"土"地、需要"水"分，需要阳光、温暖，就是"火"；需要空气流通，就是"风"，花如果没有地、水、火、风，就不能开花、结果。

"地大"，是坚硬性，"水大"是潮湿性，"火大"是温暖性，"风大"是流动性。就如建筑一栋房子，如果没有钢筋、水泥、砖块这些坚硬性的东西来撑持，如何能建得起来？这就是"地大"。

水泥，就如水之于人的身体，是非常重要的。水泥在形成坚硬性的过程里，需要水的调和，如果完全没有水分，在太阳的暴晒之下也会粉碎，这是"水大"。房屋里要温暖，就要有阳光、要向阳。如果阳光不够，太寒冷了，还需要人造的暖气。人需要晒太阳、要暖气取暖，就是"火大"。当然，还需要空气，这是"风大"。

"地、水、火、风"四大种，也制造了地球。地，给我们践踏，有地才能建房子、种植，我们才能生存。水，人饿一天不吃饭还可以忍耐过去，不喝水，日子就不容易过。所以凡是有水的地方，文化都比较发达，比较适合人群居。火，不只是太阳重要，人类之所以能生存，能超越其他的动物，是因为发明了火。火对人类的文明很重要，世间的暖流也很重要，人死了就没有暖气了。风，空气要流动，世间任何一种生物，少了空气都不能生存。地球的运作，就是靠地、水、火、风来维护着。

佛教里面有一个思想，就是"天""地"。天在哪里？众生所住的地方，有所谓的"欲界""色界""无色界"三界，三界共有二十八天。光是二十八天当中，欲界的其中一天就有三十三天，你说，天在哪里？

常有人问："天堂、地狱，天堂在哪里？地狱在哪里？"面对这个问题，我们到底是有限的人生，不要说天堂、地狱，你说远方的土地，异国风情如西方、南方，澳洲、欧洲，没有到过的人也不知道。所以天堂、地狱究竟在哪里？当然，天堂在天堂的地方，地狱在地狱的地方。

有人就想："这是废话，还要你回答吗？"好了，我们不说这许多虚无缥缈、形而上的话，那么第二种解答就是："天堂、地狱在人间。"

像有的人住洋房别墅、坐汽车，拥有丰富的物质享受，不就是在天堂吗？有的人三餐不继，饥饿难耐，寒冷的时候没衣服穿，肚子饿的时候没饭吃，真的如同饿鬼、地狱一般，苦不堪言。再到菜市场去看，钩子上挂的鱼、肉，不就是刀山油锅吗？哪里还要再到另外的地方找地狱？地狱就在人间，天堂也在人间。

其实，以我们的看法，天堂、地狱在哪里？在我们的心里。

一个人每天上天堂、下地狱，来回不晓得多少次。我们可以反省，当偶尔想到要帮助人家、济苦救难、为人服务、做善事的时候，那就是上天堂；偶尔是贪欲心、嗔恨心、邪见、嫉妒、愚痴、斗争、害人，那就是下地狱。所以每天我们不就从天堂到地狱，又从地狱到天堂，反反复复地来回吗？因此，地球既然是我们的依靠，我们可以把居住的地球变成天堂，也可以把它变成地狱。

在佛教里讲到了"三界无安"，"三界"，就是"欲界""色界""无色界"，因为我不能都讲佛教名相，但这许多名词，不讲也不容易明白。

"欲界"，就是我们大家依五欲生存的地方，如我们要吃饭、要睡觉、要爱情、要金钱，即所谓"财、色、名、食、睡"这五欲。甚至到天堂，在欲界有所谓"六欲天"，这六个天也是以欲望来维护生命，如欲界里的忉利天，天上的一昼夜就等于娑婆世界的一百年。

欲界天再上去，就到色界天。色界，依禅定的深浅粗妙，有初禅、二禅、三禅、四禅这四个等级，其中又分了好几个天。因此佛教的宇宙观讲到时间、空间，就像科学一样，它是很奇妙的，也不容易理解。

佛经里记载，地球不是现在才有地震、火灾、水灾、风灾等灾难，尤其火、水、风，在佛教里称"三灾"，所谓"三灾八难"，人在世间，可以说都在与三灾八难抗争。比方说，我们人类住在大地上，一向生活很平静，忽然地震了，不知道什么时候会发生，也不是现在才有，现在才来得快速。自古以来，桑田沧海，沧海桑田，这就是"成、住、坏、空"。

到青海、内蒙古、西藏去旅行，看到的高山都有几千米之高，湖之大，大自然之美令人惊叹。经过科学家研究，原来那个地方在几万年前，曾经有过很多次的板块移动，现在的高山，昔日都是大海。就是研究地质学的人来研究台湾，台湾也有寿命，从海洋里面生长多少万年，在陆地上又生长多少万年，它总有一个开头，有一个期限的。

现在常听到有人讲"世界末日"，佛教讲世界"成、住、坏、空"，当然有世界的末日，但也不必那么杞人忧天。因为佛教所谓的末法时期、世界末日来临，假如以佛经里的时间来推算，距离现在还要很多万年以后，所以大家先不要害怕。不过各种小的灾难，难免会有。等于一个人的身体，偶尔牙齿痛，偶尔胃痛，偶尔哪里会有小小的毛病，地球也是一样，还是会有三灾八难，但不是普遍性的，地球不至于一下子就毁灭了。

讲到色界的四禅天，经典里有这样的说法：最初是"火烧初禅"。人在作恶多端以后，罪业深重，福德都没有了，业障现前，有业障就要受报，于是灾难接续。首先是大火，还包括地震，这就是"火烧初禅"。

火灾以后，就是水灾，即"水淹二禅"，整个地球、世界，一片汪洋，水淹至第二禅天。

接着是"风打三禅"，这又高一等。例如台北有时候淹水，居住于高地的人不会受到影响，住在高楼层的人也不受影响，但如果台风来了，比较脆弱的房子就会被吹倒，当然坚固的房子还是不受影响。虽然是"火烧初禅、水淹二禅、风打三禅"，初禅、二禅、三禅都会毁坏，但还有一个四禅天。

我想台湾这个地方，等于佛教讲的有欲界、色界，也有四禅天。将来欲界可能先受苦难，然后到色界，先在初禅天受苦难，再到二禅天，再到三禅天。现在说火烧我们全部的日子，还不晓得要到何年何月何日，也不知道无限的未来。台湾人还是有少部分会经历火灾、水灾、风灾，到了四禅天是没有灾难的，未来有福的人在四禅天。就是在台湾这个地方，不是在阿里山、玉山、阳明山，可能就在我们附近，只要我们自己的福德因缘具备，即使遇到地、水、火、风这些地球的问题，即使病得严重、治不好了，也不要害怕，作福要紧。

例如一个蚂蚁洞，里面有一群蚂蚁，把一盆滚水倒下去，对它们来说是最严重了，这蚂蚁全部都死亡了吗？其实不见得，如果事后去看，还是会有一部分活命的。就是人类的灾难，在原子弹之下还是有幸存者。可见在火、水、风，三灾八难之后，还是有人类的存在，问题就看谁具足福德因缘了。

除了地球，人也一样有地、水、火、风。骨头就是我们的"地大"；大小便、吐痰、流汗，就是"水大"；暖度，即"火大"，如果没有暖度，人就会死了；假如一口气不来，人也无法生存下去，这是"风大"。所以我们赖以生存的就是地、水、火、风，我们不能让它们生病。

同样的，地球也是由地、水、火、风这四大聚集、因缘所成的。现在我们提议抢救地球，重要的就是要给予地球生存的缘分。现在人类对于地球过分的破坏、过度的伤害，让地球生存困难，因此我们喊出"抢救地球"，就是希望大家一起来帮忙，为地球救苦救难。

其实救地球就是救自己。正如刚才所说，地球是我们所依靠的，等于我住的这一栋房子，房子漏水了、被破坏了，我就要修理。那么地球生病了，被破坏了，我要如何抢救地球、医疗它呢？当然，科学家、专家学者们有很多的数据，有很多的研究，我也不是很懂，我只能在佛法里面谈一些理论、泛论，对抢救地球提出一些建议。

现代的人说到环保，也是要"抢救地球"。其实佛教对于环保、抢救地球的思想不是从现在才开始，释迦牟尼佛在世时，与诸大菩萨们的言行都已有记载。若要举爱护地球、抢救地球的事例，《百喻经》里就有一段"鹦鹉救火"的寓言故事：

一个地区失火了，一只鹦鹉从另外的地方衔水来救火。才一只鸟，能衔得了多少水？一个山林的火灾，哪里是一只鹦鹉衔一点水就能把火扑灭的呢？这几乎不可能。这时候，帝释天就对鹦鹉说："你不过是一只小小的鹦鹉，你衔水来救火，火哪里能因为你衔水就扑灭了？"鹦鹉答道："大火能不能扑灭我不知道，不过我身为这个山林里的一分子，就不能不来救我居住的山林！我要尽我的心力！"就等于诸葛孔明"鞠躬尽瘁，死而后已"。因为鹦鹉这样一个愿心，帝释天听了很感动，说："你这小小的鹦鹉，却有这样一种同体的慈心、大悲的愿力。好！我帮你的忙！"当然以帝释天的神力，法力无边，就把山林的火熄灭了。

所以在地球面临冰山融化、臭氧层破洞、全球暖化、水资源缺乏等这许多的问题时，人类不免疑惑："以我们小小的力量，能帮得上多少忙？我哪里能解救这个地球呢？"其实这都不是重要的问题，重要的是你有没有心，所谓"佛说一切法，为度一切心。我无一切心，何用一切法？"因此，今天这个世界需要的是有心人。如果我们对于抢救地球，人人有心、有愿，都想："地球你有什么病，我们帮助你，不让你恶化下去。"所谓"兵来将挡，水来土掩"，地球的灾难就不是问题。

如何抢救地球，让地球不致恶化下去？我想，佛法有很多的方法，在此，我提供一点意见：

一、无我

要有无我观。"无我"不是说"我都不管"，也不是说"我自杀算了"，所谓的"无我"，是"我不要自私""我不要执著"，不要把一切都认为是为了"我"而存在，为了"我"要住、"我"要吃、"我"要用，就不惜一切地想要去得到；为了"我"，而要有种种的营求、种种执著、种种需要。有的人一日万金，还嫌吃得不够；有的人粗茶淡饭，一个便当就饱了。

比方说，我们每个人吃饭都会用一双筷子，写字也要一张纸，但这需要多少竹子、木材来做？假如竹林里一根竹子都没有了，树木也没有了，地球就变得光秃秃，连飞禽走兽都不能生活，我们赖以生存、养育我们的地球就不健全、生病了。就如家里的仆人生病了，不能再为我煮饭、倒茶，甚至还要我来侍候他，这就增加我的麻烦了，所以要保护他，让他不至于生病。

在《本生经》里，有一位睒子菩萨说：当我走路的时候，我脚步一定会放轻，不敢用力。为什么？因为我怕踩痛了大地；我讲话也不敢大声，轻声慢语，因为我怕吵醒了熟睡的大地；我也不敢乱丢东西，怕我丢下去的垃圾、肮脏的东西，会污染了大地美丽的面孔。大地是我的母亲！我孝顺母亲，先从孝顺大地开始，我要让大地得到我们的爱护。

在佛教里有一位地藏菩萨，为什么叫"地藏"？意思是如大地能普载我们，大地能生长万物，供应我们的生活。大地里的资源，像油田，都成为我们的宝藏、能源。大地上的河流，等于我们身体里的动脉、血管一样。这许多流水污染了、肮脏了，要怎么办呢？所以我们要爱护大地。

爱护大地，要从"无我"开始。"无我"这一个词很不容易懂，就以佛牙舍利来台湾的例子作说明：

佛光山在十多年前，为了佛陀的一颗牙齿要到台湾，经过泰国时，泰国的僧王跟我说："佛陀的牙齿很小，但它要的土地很大！"我一听，"对啊！台湾哪里有这么一块大的土地能供养得起这一颗小小的佛牙呢？"当然要花上一些时间。

当时与佛光山相连的一家擎天神公司忽然要回国，它们有一百公顷的土地不要了，就让给我们。我不禁想："冥冥中是不是佛陀在加持我们？"于是我们就开始建设，既然佛祖都这么来帮助，那我们就要尽我们的能力。

接下来的一个问题是，什么人来建佛陀纪念馆？当时在佛光山没有人敢，而我慢慢垂垂老矣，也不敢承担这一个任务，希望由年轻的一代来传承。年轻的弟子们就研究什么人、需要什么条件才可以承担，我说："谁'无我'，谁就有条件！"

什么叫"无我"？这个佛陀纪念馆是为佛牙建的，不是为个人建的，不是个人的坟墓、个人的家园；不是为了"我觉得""我的成就""我的能力""我了不起"而建，佛陀纪念馆是属于万千的众生，是为大家建的，要让大众来朝拜。如果你能为历史、为未来、为众生、为佛教、为大众，可以不把"我"放在前面，你就有条件建设。

后来有几个人自告奋勇，只是"无我"不是知识，也不是用"想"的，回答一句"我能"就能了事，所谓"无我观"，"观"就是要观想成功，要有这种习惯、这种思想、这种能量。

对各位老实说，接下来好几年仍没有成就。为什么？记得当时他们有一个委员会，大家各持己见，有的人认为这样，有的人认为那样，就如魏、蜀、吴三国演义一样不能合作，花了不少时间。但想到信徒大众发心做功德，殷殷希望只想要一个佛陀纪念馆，所以我想，毕竟我比较年长，在佛教里的年资也久一点，便自告奋勇，不惜老命说："我来！还是我来！"

我不是建筑师，也不是设计专家，实在不得办法。不过我有一个想法，就是"无我"。我想到佛陀需要很宽广的地方、信徒需要一个很有气势的地方，信徒来到这里，他不要日晒、不要雨淋，来到这里的人都有一杯茶喝、有一碗饭吃，有一个地方可以让他们拜得很舒服，让他们感觉到与佛靠近，感觉到身心扩大、升华。以现代的话来说，就是"以人为本"，所思、所想都是别人的需要，这就是"无我"。

我不会设计，也不会画图，就用卫生纸、报纸、玻璃瓶、保温瓶等，把它们摆一摆，画一画，说："这里这样，那里那样……"承蒙跟随我多年的徒弟们还卖我这个师父的面子，一致认同："师父，这个好！"有了共识、意见统一以后，真好，所以才不到两年的时间，佛陀纪念馆建设的速度变得很快。但是我心头很着急，因为对信徒们来说，已经十年左右了，没有一个交代也不行，所以今年过年，我们为了让信徒稍微安心一点，便说："放心啊！希望就快要完成啦！"就在农历正月初一到初五，在佛陀纪念馆菩提广场举办"地宫珍宝入宫法会"，意思就是让大家知道我们都在做了，请大家放心，因此"以人为本"很要紧。

最近有一位先生带了好多朋友到佛光山，跟我介绍："这一位是某某董事长，有几千名员工；那一位先生有几万名员工；那一位总经理，他的公司有几十万名员工。"每一位都很了不起。他说："大师，你也不错，建了这么多的寺庙。"我说："没有错，你们各位有几十万员工，很伟大，我不及你们，但是我有一个比你们更好，就是我有几百万个老板！"指的当然就是你们大家，信徒就是我的老板。

老实说，你们确实是我的老板，所以我每次开佛光山信徒大会、功德主会时，都会用不成熟的台湾话说："各位头家，欢迎大家回来，咱员工（我们是员工）应该给各位头家来报告，我们在这里做了什么。"

确实是的。就像台北道场的电灯是你们来牵设的，没有你们的支持，哪里能如此佛光普照？没有你们布施的茶饭和香油钱，哪里能天天以腊八粥招待十方？哪里能这么圆满？因此，我们所有服务的人看到你们，都应该说："各位头家，大家好！各位老板，大家好！"

我讲这段话的意思就是说，我们应该要"无我"，不要把自己抬高，不要官僚，出家人也会成为"僧僚"。所以不必官僚，不要执著自己，个人没有什么了不起。今后社会要的是服务，服务还不能居功，能够服务、为大众，你就有机会。

以请客为例，过去我们请客人吃饭，客人吃过以后会对我们说："感谢你看得起我，请我吃饭。谢谢！真谢谢！感谢不尽！"现在不是，我们反而要对他说："感谢您给我面子、给我荣耀，看得起我，来赏光吃我这顿饭。你不来，连我要供养都没办法。"所以现在的人心、人情，能够有"无我观"的人，做什么事情都是一样的做、一样的热心。

过去的人杀身成仁、舍生取义，如果太执著"我"，谁肯去做呢？过去为国家牺牲、为主义牺牲、为人类奉献，如果我执太多，谁愿意去做？"我"是很渺小的，不要执著"我"。人、大众，才是伟大的、根本的。宇宙之间要仰赖大众共力才能生存，因此现在抢救地球，也是要大众一起来，我一个人的力量也不得办法。就说种树，一个人能种几棵树？要节约用水、爱物惜物，一个人能节省多少？所以要大家一起来。

现在跟各位讲到"无我"，我也难以发挥得完整，不过大家可以留心一件事，佛教教主释迦牟尼佛在印度的菩提树下、金刚座上成道悟道了，他悟的是什么道？是宇宙人生的真理。什么是宇宙人生的真理？宇宙人生的真理就是"无我、苦、空、无常"，总说一句就是"因缘""缘起"。

有的人认为"因缘"不就是"千里姻缘一线牵""有缘来相会"

的意思吗？不是这么简单的。佛陀花了那么多的苦心、研究，觉悟到"因缘""缘起"，是"事待理成"，是宇宙世界一切的原则。"果"依"因"有，要有"因"才有"果"；"空"依"有"立，"有"才"空"，"空"了才"有"，不"空"就没"有"。

就如茶杯不空，茶要倒到哪里？佛殿不空，我们如何进来？现在有的人都进不来了，就坐在外面听，是因为这里的空间不够。口袋不空，东西要放在哪里？鼻子不空、耳朵不空，你能活着吗？因此"空"是给你生存，"空"是给你用，"空"是很宝贵的。

最近写"一笔字"，我常常写"以空为乐"，我的徒众就在旁边说："师父，不能啊！没有人要你这个字的。你怎么能讲'空'？人家都怕'空'啊！'空'就像原子弹一样，会把人炸得粉碎。"没错，是会粉碎，但粉碎了以后，真理就会出现，因为把虚妄粉碎了。这个"空"，是空掉我们的我执，是很好的意思。现在的人不都是为了一坪地、一道围墙就要跟人打官司，为了一个座位争得面红耳赤？实在说，如果人人能懂得"空"的道理，就是自己的进步、自己的升华，这就是"无我"。

二、惜物、惜福

从"无我"当中，感受到我们要惜物、惜福。惜物、惜福可以救地球。一般说"爱惜"，"爱惜这段感情得来不易""爱惜这份家产拥有不易""爱惜我们过去多少年患难与共的感情"，爱惜，"爱"就是"惜"，"爱"就能"惜"。

童年的时候，老人家都教我们要"敬惜字纸"，一张纸都不能随便把它丢弃，要把它捡起来，捡起来、爱惜它还不够，还要尊敬它，不能浪费。不像现在物资泛滥，大家在使用上这么随便。像我手上这一张卫生纸，晚饭以前就有的，刚才跟你们讲了，要新的好困难，所以我不能随便丢掉它，我要保护它，慢慢用它，能用多久就多久，这个习惯是从我的母亲身上学来的。

　　过去我们在美国筹建西来寺，因为当地没有什么人捐助，都要从台湾带美元过去。到了美国，就赶紧把美元拿给徒弟买砖、买瓦建寺；接下来总要在美国住上两个礼拜，毕竟坐一趟飞机很不容易、很辛苦的。两个礼拜以后回到台湾，美元没有了，却多出了一大堆卫生纸。为什么？在美国，不管餐桌上、洗手间、飞机上，走到哪里都有卫生纸，实在舍不得丢掉，太可惜了，我就把它放在身边，越放越多。记得有一次回到台湾，算一算竟然有七十几张卫生纸。

　　现在不讲什么爱护地球、环保的观念，光是这张卫生纸，它在我的心目中，比美元还要宝贵，这就是我的价值观念，我不会随便把一张卫生纸看作没有价值。你觉得它没有价值吗？它叫卫生纸，它是我要用的东西，它帮助我生存、帮助我清洁、帮助我卫生，是很重要的东西，所以我要爱护它、珍惜它，这就是"爱惜"。

　　所以我认为爱惜，除了时间要爱惜，人情、爱情也要爱惜、珍惜，金钱也要爱惜，对于日用生活都要爱惜。记得我们过去在斋堂吃饭，旁边写着一副对联："一粥一饭，当思来处不易；半丝半缕，恒念物力维艰。"这就是在提醒我们："你今天吃这一碗饭，不容易啊！你有这件衣服穿，不容易啊！"一碗饭，一件衣服，谁应该给你的？所以我常对一些大学青年学生说："你们从出生到世间二十多年了，对人家有过什么贡献吗？什么东西都是父母给你、社会给你、国家给你，那你给过什么吗？你给过父母什么？给过国家、社会什么？你要感恩图报啊！要爱惜你的福德因缘。"

过简朴的生活，也是一种惜物的方式，这包括爱惜大众公有的财产。我们的财富有公有的、有私有的。私有的，就是你的房子、存款、衣物；公有的如晒太阳，太阳不是你的，是公家的、大众的，空气也是大众的，公园是给大家玩的，公路是给大家走的，对于公有的财富，你不能浪费、糟蹋。所以节省、惜物，要大家一起来。

不仅要惜物，还要惜时。像现在在台湾，大家也慢慢懂得约会要守时、有分寸，爱惜时间。除惜物、惜时以外，还要惜缘，珍惜人情、爱情。我们人和人之间都有缘分，你要很珍惜。感情是多少时间、多少的公关和关系来培养的。慢慢地交情不错了，就不要为了一句话，一下子就不来往，为了计较一点小事就不来往，那太可惜了。

从惜物、惜时、惜缘，扩而充之，还要惜生，爱惜生命。比方说，看到一群蚂蚁被水淹了、被围困住了，走投无路，你就替它搭根竹子、搭座桥让它们走。过去山上常有小鸟、小松鼠掉到地上，眼睛都还没有睁开，怎么办呢？又找不到它们的母亲，只好自己来养，它们长大以后都不肯离开。记得那时候徒弟的名字都是"满"

字辈，我就替它们起名叫"满天""满地"，慢慢把它们野放出去，让它们能回归到它们的团体、同类里面。

我想，无论是社会、生态，都要给它平衡，但有的信徒不是很了解。比方说，我们做了一个放生池让大家来放生，结果有人拿乌龟来放，乌龟到放生池里以后，把小鱼都吃了，跟他解释他也不懂。过去还有人用麻布袋包了一袋毒蛇来山上放生，毒蛇会咬人的，山上都是信徒，真的很让人挂心，不过现在没有了。过去也有台湾民众到南美洲、巴西买食人鱼，那鱼是有牙齿、会咬人的，把它们带回来到日月潭放生，这不是放生，是在放死啊，这会造成危险、造成灾害的！

也有信徒为了庆生、祝寿，刻意让人去捕鱼，自己再买来放生："我明天要过七十岁大寿，你替我捕点鱼来给我放生吧。"捕鱼的就很努力地去把鱼捕回来。本来把它放了就好，却还要念经、要替鱼皈依，太阳那么大，把鱼晒得都昏死过去。可知道在你过七十岁要放生的名义下，死了多少的鱼虾？有的人想："我要过八十岁寿诞，你替我捕点鸟回来放生吧。"鸟也是一样，把它们放在笼子里面推挤，最后有的飞走了，有的则死在笼子里面，这样叫放生吗？我觉得要放生，不如先放人、放地球。所以进一步就想到要"慈悲"。

三、慈悲

对地球要慈悲。现在全世界的战争虽然没有古代那么多，但世界并不和平。世界上所有人都不是我们的敌人，大家都是人，人是同体共生的，大家共存共荣，你不必妨碍我，我也不必妨碍你。尽管你是美国人、我是中国人、他是哪里人，没有关系，你活你的，我活我的，各人过各人的生活。

世界要如何才能和平？如刚才所说，除了"无我"，"慈悲"能带来人与人之间的感情，能带来人对世间万物的爱惜，能带来人对地球的慈悲，能带来和平。

在佛教里有所谓的"无缘大慈，同体大悲"，什么是"无缘大慈"？一般人多少都有一点爱心、慈悲，尤其对有缘的人，例如你是我的同乡、同学、同事，过去我们在什么地方相识，都会聊表一点心意，这是爱敬的慈悲。

无缘大慈，就是我不认识你，和你非亲非故。不是同学，也不是同事，根本就没有关系，不过你受苦，我感同身受，因为我们都是人。对于你的苦难，会想到"假如你是我，假如我是你"，人我调换，肯得布施、救济、帮忙，其实帮助别人就和帮助自己一样，能够感同身受，就能慈悲得起来。有的人慈悲不起来，说："为什么我要对你慈悲？"你不对人慈悲，将来轮到你了，谁来对你慈悲呢？这个世界是一体的，所以"无缘大慈，同体大悲"，不一定要认识、要因缘、要关系，就是对人慈悲。

无缘的慈悲以外，还要有同体的慈悲。简单来说，"你就是我"，把宇宙看成是一体的。有人问："我们有生命、有情，对于地球、山川流水这许多无情的事物，对它们好，它们也不懂，有什么慈悲可谈？"不是的。就像经常有人会问："花草树木能不能成佛？

山河大地能不能成佛？"这个很难懂，但在佛教里面，山河大地、花草树木，能不能成佛？能！如何能呢？我不想把它说得太神奇、太玄妙，实在说，只要我们成佛了，我现在是佛，我心中流露出来的山河大地、花草树木，都会跟随我一起成佛。

所以我常说，你用佛的眼睛看世界，世界都是佛的世界；你用佛的耳朵听这个世间的声音，世间所有的声音都是佛的声音；你用佛的语言来讲话，世间的语言都是佛的语言，有了一颗佛心，就能覆盖宇宙万有。所以我每次为信徒们皈依三宝，都会带着大家讲一句："我是佛！"这是很了不起的！你们都说"我是佛"，回家以后，夫妻吵架，你说一句"我是佛"，就会想到佛，那还会吵架吗？你想佛祖时还会抽烟、喝酒吗？"我是佛"，这一句话就救了你。不止救了你，正因为你是佛，你对人、世间万物都懂得爱惜、慈悲，这也是在救地球，爱护地球。

佛光山在彰化建了一座福山寺，实在说我于心不忍，因为都是信徒每天出去做环保、资源分类，每个月卖个几十万的把这座福山寺建起来的。原本打算取名为"环保寺"，后来想想寺院的名称要有久远性，还是叫"福山寺"，也符合环保是有"福报如山"的意思。现在为了兴学，佛光大学、南华大学、西来大学、南天大学，我经常看到几位居士在台北道场忙着做资源回收，他们的爱心、他们的佛心，从家庭到社会、到佛教，因为心中有慈悲，即使肮脏污秽、寒暑冷热，他们都不在乎。慈悲，就能节用爱民、节用爱物。

我想，提倡环保、抢救地球，先从认识观念开始。要认识地球和我们的关系，要感受到地球对我很重要。就如小孩在成长的过程中，认识"这是我的妈妈、我的爸爸"，及至稍长，认识"我的家""我的爱人"，假如再把它扩大开来，就是"我的地球""我们的地球"。

我一生在佛门里面，都是感谢信徒度我、救我，不会想到是我度人、救人。过去有一句话令我难忘：六十年前我来到台湾，五十几年前到宜兰的乡村弘法布教，当年台湾老百姓哪一个人要信仰佛教？但我们年轻人的热情，别的东西没有，麦克风还玩得起，就对着麦克风大声喊着："咱的佛教来了！""各位父老兄弟姐妹，咱的佛教来了！"不晓得你们各位听得懂吗？就是"各位父老兄弟，我们的佛教来啦！"每回听到，都会令我全身震动，热泪盈眶。你只想到是别人的，自己就不会关心，如果想到的都是"咱的"，对地球，能想到"咱的地球"，我们的地球，我们怎么能不爱护它呢？

总归一句，抢救地球，就是爱护自己；爱护地球，就是珍惜自己的未来。

星云日记

以前"勤俭"是一块钱一块钱地俭省；现在"勤俭"是一分资源、一分资源地重复利用、回收、再生，并尽可能拒用、减用会造成公害的废弃物，为大地储存洁净的根本。

人间万事

> 全人类应该把地球看作是一个"地球村"。大家要做一个
> "地球人"，在地球村里，共同和平生活，彼此携手合作，相互
> 包容。

现在是个环保意识抬头，民意高涨的时代。关于环保与开发，两者孰轻孰重？这个问题让我想起多年前，毗邻佛光山的擎天神公司，因为其以制造工矿炸药为主，有一天不慎发生爆炸，波及附近农宅，大树乡乡民以居住安全为由，群起围厂抗争。数日后，代表厂方的郑经理及代表大树乡民的黄乡长等人，在县政府的出面下，到佛光山协议。

当天黄乡长提出，希望擎天神公司三年内能全部迁厂，但郑经理表示有困难，因为新的厂址觅地不易，谈判因此陷入胶着。我了解情形以后，主动向黄乡长表示，迁厂从评估、买地、开发、规划到建厂，其中还要经过营建署、环保署等政府单位审核，三年期限的确太过仓促。之后我又对郑经理说，允诺迁厂就应该有实际行动，否则别人无法相信厂方的诚意。最后，我提议双方以五年为期，并且可以附加但书：若五年未能如期迁厂，则每延后一年，由厂方提供一定金钱回馈乡民，如此逐年增加回馈金，直到迁厂为止。

至于厂址的选择，有人主张"产业东移"，但是我认为"己所不欲，勿施于人"，既然高雄县不要而要求迁厂，其他县市也不会欢迎，因此我向余县长建议，不如就在高雄县的甲仙、六龟、桃源等偏远山区另找地方建厂。虽然这样的建议也许让高雄县陷入环保与开发的两难，但凡事无法求得完美，只要对全民有利，将伤害降到最低，就是最好的方案。当时承大家不嫌我饶舌，一席话下来，三方面都欣然同意，欢喜而去。

我的意思是，世间事没有绝对的好与坏、对与错；有和空都是执著，都不合乎"中道"。这个世界，自然环境固然要保护，但人类也要生存，如果为了保护大自然，限制人类文化进步，也是一大挫折。不过由于过去人类过度滥垦滥伐，破坏大自然的生态，对未来的子孙不利，因此人类在进步发展的同时，要兼顾大自然生态的保护，每有所做，要详细、周全地评估利弊，所谓"两权相害取其轻"，在此原则下，视情况不同而作抉择，并且尽量找出替代、补救之道，这才是明智之举。

例如，有"人间净土"之誉的新西兰，海洋、湖泊、森林、山岳、河流、火山、冰河、峡湾，以及广大的绿色草原，构成了他们特有的自然景观，世界上很少有这样地理景观多彩多姿的国家。新西兰为了保护如此天然美景，环保措施几乎是零污染，政府甚至还规定，人民不得任意砍伐树木，若有需要，必得先行申请通过，并且每砍一棵树，同时要另种一棵树代替，因此有人说，"绿"是新西兰致命的吸引力，不但天空格外蔚蓝、湖水特别澄清，即使连呼吸都觉得清新愉快，因为空气中隐隐约约飘散着绿草的清香。新西兰保有天然美丽的环境，每年也能靠着观光而赚取不少外汇。

植树造林，这是国家的珍贵资源，也是人类生存的必要条件。根据统计，一棵树一天可以蒸发一百加仑的水量，它所调节的温度，等于五个冷气机开动二十小时的功能。而林木对降雨有截流作用，能减少洪水，增加土壤孔隙，使水分容易渗透，补注地下水。但是一棵树长成要花十年的时间，砍一棵树却只要几分钟。甚至一名婴儿从出生到两岁，所用的纸尿布，必须用掉二十棵树；而每回收一吨废纸，可以少砍高八米，直径十四厘米的原木二十棵，若能以再生纸代替模造纸，每月可以少砍约四十万棵的原木。

因此，现在的开发固然不能不做，开发之余，如何节约更是重要。在我们的日常生活中，随手一揉，都是在浪费大地资源，在不可避免的消耗下，若能积极配合"废纸回收"，让可用的资源再生，除可减少砍树量，亦可间接救水源，也是功德一件。再者，如果大家都能节约用水、用电，就可以少抽一些地下水，少建几座发电厂，不但避免地下水超抽，也可免去发展核能发电带来的污染问题。

总之，环保与发展，孰轻孰重？这是见仁见智的问题，重要的是，发展的同时，要注意水土保持及河川的疏导，如此才不会每逢雨季来临，乃至台风过后，往往一雨成灾，甚至造成泥石流的严重灾情。在防范大自然的天灾之外，人为的战争更要避免，因为战争对环保的伤害最为严重。因此，维护世界和平，这才是对人类生存空间最有利的保障。至于如何才能促进世界和平？唯有人人心中有佛，世界才有和平可言。

世间最难处理的事不外是"人"与"钱"。人能成事，也能坏事，就像水可以载舟，也可以覆舟。能将人事处理好，事业就已成功一半。

代后记
财富的二三事

　　说到财富，世间有富人、穷人，但是这个社会有很多贫穷的富人，虽然他有很多钱，但是他不会用钱，钱再多他也不满足，当然他就是穷人；也有很多富有的穷人，虽然贫穷，不过他关爱社会、服务大众，自己不能出钱，不过可以出力，例如给人一句好话，给人一个笑容，或者见到人家做善事心中欢喜，即便贫穷，但也是一个富人。所以穷和富没有对等，不是绝对的，穷和富只是观念上的看法而已。就好像你把别人比作古代的纣王、幽王、厉王，他就生气；假如你把他比作伯夷、叔齐，他就高兴，为什么？虽然你比喻他是王，但那不代表道德，不代表善美，他觉得是坏话、恶话，所以不高兴；伯夷、叔齐虽然在首阳山饿死，但他们是君子，是有德行的人，所以人家会觉得高兴。所以虽然为王，也未必让人羡慕；虽是贫穷，但也不一定让人看轻。富人让人看不起的有很多，穷人让人尊重的也很多。因此，贫富是一个观念上的看法。

　　有一位老太太，人们不知道她叫什么名字，因为她经常流眼泪，便叫她"哭婆"。有人问老婆婆为何老是哭，她回答："我有两个女儿，大女儿嫁给雨伞店的人家做媳妇。每当遇上艳阳高照的好天气，我心里就想，雨伞店的生意一定很不好，大女儿的生活怎么办？想着想着，不由得就流下泪来。二女儿嫁给米粉店的人家做媳妇。一遇到下雨天，我就为二女儿发愁，米粉没有晒太阳，生意又该怎么做？天气好，我为大女儿的雨伞店哭；下雨了，我为二女儿的米粉店哭。"

问的人听了，就跟老太太说："老太太，要改变观念啊！以后你看到出太阳，就想二女儿的米粉店生意一定很好；下雨了，就想大女儿的雨伞店生意一定很棒。"老婆婆听了，恍然大悟，从此开始调整自己的观念。一到下雨天，想到雨伞店的大女儿生意兴隆就笑了；看到出太阳，想到二女儿晒了米粉可以卖钱，又笑了。自此之后，老婆婆每天笑，不再哭，也就从"哭婆"变成了"笑婆"。

同样的事实，只是一个想法不同，从"哭婆"就能变成"笑婆"。所以在这个世间，你老是想到穷就不会快乐，如果你想到富有，人生就很有意义。

其实，只要你仔细研究，世界上没有穷人，每一个人都很富有，只是自己不知道而已。比方说，父母生养我们下来，就为我们带来无限的财富。比如说，我出生在中国江苏扬州一个贫穷的家庭，我没有念过书，没有上过学校，但是我不以为穷就不好，我感谢我的父母，他们生养我，给我一个勤劳的性格。我不是向各位卖弄，我今年八十多岁，但是我觉得我的人生不止八十多岁。过去我曾自许要活三百岁，你说人生百岁难见，哪里能活三百岁？但是我在想，我十二岁出家，在寺庙里过十年闭关的生活，二十二岁出来为社会大众服务。我想我一生做事勤快，星期六、星期日都没有假期，过年过节也没有放假，我就这样一天又一天，期许自己一天能做五个人的工作，我讲求效率，讲求快速，我也知道我能够一天做五个人的事情，好像写文章，一个人每天能写二千字到四千字已经很了不起了，我虽然不是作家，也不以写作为我的职业工作，但是我有很多记录，我一天能写两万字的文章。以一天做五个人的事情来算，从二十二岁开始，如果活到八十二岁，我就为大家服务了六十年，六十乘以五，我不就活了三百岁了吗？所以人要自我期许。

因此，我很感谢父母给我一个勤劳的性格，其实勤劳就是财富。我也感谢我的父母给我一个慈悲的性格，原来慈悲也是我的财富。

父母给我一个身体，身体就是最富有的财富。比方说，我有两只眼睛，可以看到世界，从天空到大地，从山岭到海洋，芸芸众生，高楼大厦，还有澳门的美景，所以光是两只眼睛就替我带来了我的世界，带来了美好，花红柳绿，到处一片美好，有眼睛是很富有的。

父母不但给了我眼睛，还给了我两只耳朵，我可以听音乐，听读书声，听好话，两只耳朵也给我带来了财富。父母还给了我一个头脑，一颗心，这颗心就是我的宝藏。

人家说，世界的能源在哪里？开山？下海？太阳能？其实能源都在我们的心里。你发掘你自己心里的智慧，智慧不就是我们的财富吗？思想不就是我们的财富吗？关怀社会，心胸开阔，不就是我们的财富吗？

冬天天气寒冷，我们可以晒太阳，太阳没有跟我们收费；我们必须呼吸空气才能生存，空气也没有跟我们收费；天地之间，海水供我们畅泳，花草供我们观看，公园供我们游玩，公路供我们行走，它们都不计较。这样一想，世间到处都是我们共有的财富，世间哪里有穷人？

不过一般人会用金钱来区分贫和富，假如看到别人有美元、黄金、钻石、股票、有价证券、高楼、凉亭，就认为他很富有。如果我什么都没有，没有高楼，也没有土地，就叫贫穷。其实财富不一定是金钱，还有很多比金钱更重要的财富，例如平安。

人类生下来，呱呱坠地，他要求的不是财富，而是求平安。父母没有把我照顾好，我可以哭、我可以叫，因为我要安全，我要依赖，我要依靠，我需要母亲在我身边，我要有摇篮，我不能跌倒，平安不就是我们的财富吗？所以有很多人想得比较远，不必有多少钱，只要有平安就好，平安就是财富。

健康也是财富。如果你有几亿、几千万存在银行，不过你不健康，有钱也不能用，所以健康比金钱重要。

欢喜也是财富，如果你有钱，但是天天烦恼；我没有钱，不过日子过得很快乐，我乐天知命，我安贫乐道，总比天天烦恼的有钱人好。

一栋大楼上，有一位有钱的董事长，听到楼下一间矮小的房子里，有一对新婚的小夫妻在里面，一个在唱歌，一个在弹琴，他就很生气地说："真是莫名其妙，穷得连住的地方都没有了，还那么快乐。我财产万贯，可是我很烦恼！人生很痛苦啊！"

董事长的秘书说："董事长，你烦恼吗？你可以把烦恼送一点给那对小夫妻啊。"

董事长说："烦恼怎么能送给他们？"

秘书说："拿一百万给他们。"

董事长说："这不是太便宜他们了吗？"

秘书说："不会的，那就是烦恼。"

董事长相信自己的秘书，就拿一百万送给了那对小夫妻。

小夫妻忽然得到一百万，一下子发财了，非常欢喜。只是天慢慢暗下来以后，开始想，这一百万要放在哪里呢？不能存到银行，因为太晚了；放在床下？也不行，万一睡觉的时候，小偷来了怎么办？把一百万放在枕头下面？不行，枕头变得太高了，睡不着。不论想要放在哪里，都觉得不安全。两个人就为了这一百万要放在哪里，一直忙到天亮，却还没有把一百万放好。这时候，小夫妻两人觉醒了："哦，我们上当了。那个董事长不是要给我们一百万，他是要给我们烦恼，让我们都不能睡觉，我们就不能快乐地唱歌、弹琴，只为这一百万苦恼。"

天亮了，夫妻俩把一百万抱到楼上，跟董事长说："董事长，把你的烦恼还给你。"

所以说，金钱不一定是好的，有时也会带给我们烦恼。世间除了金钱以外，平安、健康、欢喜、智慧、勤劳、人缘、给人接受，都是财富。

很多富贵的人，人家不接受他，甚至宁愿不要看到他；有的人虽然贫穷，不过人家愿意接受，乐于见到他。作为学生，大家将来都要出去就业，平时要学习让社会接受，你被人接受了，就表示你有才华，你有能量，别人需要你，让人接受就是财富，就是你的财源。有的人到处求职困难，为什么？人家不接受他，因为人家不知道他的能量有多少。所以我们平时要表现自己的能量，比方说我们亲切，我们有礼貌，我们在语言上给人赞美，我们做人有信用，道德芬芳，自然能被人接受，这些都是财富。

财富，真的不能只看金钱而已。中国有一句话："万贯家财，不及一技随身。"同学们，澳门大学的科系之多，专家学者之多，你们所学的知识技能之多，不就是一技随身吗？大家身怀十八般武艺，在社会上都是超人一等的，这些就是我们的财富，所以不急着要求财富。

在佛经里有个譬喻。大家看到过财神是什么样子吗？据说财神是个美丽的女郎，她走进家门了，后面有一个黑色的女郎也要跟着进门，她说："我的姐姐是漂亮财神，我是她的妹妹，我叫穷苦，她到什么地方，我就跟着到什么地方。"意思是说，钱财是流动的，不一定通通都是我们的，天下没有白吃的午餐，没有不劳而获的道理，也没有什么无功而得的财富。想要金钱财富，要有智慧、勤劳、福报。有钱是福报，会用钱要聪明、智慧。但是世间的人都只往钱看，没有把人格、道德、能量、能源与钱财平衡。

财富，是你的，不是你的，都有缘分。是你的，你不去找它，它会来找你，好像很多人发财了，人家说财神爷会来找你一样。不过财神爷找你是很容易，你去找他会很麻烦，不是你的，所谓煮熟的鸭子也会飞走。

所以很多人说，财富要靠运气。不过"运气"这个词不好听，应该说与因果有关系。比方说，我们有时候因为一句话，影响一件事的未来有或没有，或者影响一件事的未来好或不好。有的人用一块钱来买书，学习怎么经营，赚取更多的财富；有的人拿一块钱到赌场，赌输了，跟人吵架、打架，犯法了，结果坐牢。同样的一块钱、一句话、一件事情，每个人对待的方式不同，未来的前途也会不一样。因此，不要把人生的未来完全放在钱财上，因为钱财是一时的，人生的路途很长远。

财富，有私有的财富，也有公有的财富。私有的财富，例如我有一栋房子，我有多少土地，我有多少存款，私有的财富是有限的。公有的财富是无限的，例如大地宽广，你可以行脚十方，云游天下；树木花草不是我的，但是我可以无时无刻地欣赏。

财富，不一定要拥有，可以享有。比方你有钱建大楼、建公园，虽然不是我的，不过下雨时，我可以到你的大楼下面躲雨，天气好的时候，我可以到公园散步，我享有也可以很欢喜，它们也是我的财富。所以人世间的财富，自己占有、拥有都是有限的，如果开拓思想，享有财富，像我们身处的这个华丽的殿堂，不是我的，也不是你们的，甚至校长也只是暂时在这里领导大家，可是我们都在这里，共同享有这个美好的地方。

天地之间，没有什么东西拒绝我们，只要我们接受它，它就是我们的。人生快乐的来源，不一定是财富，佛教说要去除我执，要学佛，先学"无"，但还是有次第的，好像你要写文章，先要有"我"，"我"里面才有主题、主旨、主见，还有我的想法，我的精神，我的意志。所以，首先从"我"出发。例如澳门大学的一花、一草、一木是谁的？你们每一个人都要说是自己的，因为如果你说，花是你的，你就不会爱它；树木是你的，你就不要树木；教室是你的，你就不爱教室。但是如果你说，教室是我的，这个教室与我有关，我过去在这里念书，你就会爱这个地方。从身边的一花一木开始，乃至我的同学、我的老师，想到我们同是澳门人，都与我有关，慢慢地扩大，从"我的"到"全世界都是我的"。

个人拥有的有限，能使用的也有限，"大厦千间，夜眠几尺？积资巨万，日食几何？"所以不要光是为个人所得斤斤计较。我很欣赏释迦牟尼佛当初的一句话，他说"我在众中"——我是大众的一个，我不要特权，我不要享受特别的东西，我要跟大家一样。我觉得这个观念能开拓我们的心灵，看到世间更多的财富，包容世间更多的财富。

很多事情的成就都在一念之间，牛顿对苹果为什么会掉到地上感到奇怪，因此发现地心引力；瓦特看到水蒸气能把锅盖掀起觉得好奇，因此发明蒸汽机；富兰克林想知道打雷为什么会闪光，因此研究而发现了电；莱特兄弟讶异鸟为什么能在天上飞，因此发明了飞机。总之，无相、无限、无量、无尽的财富，是你的心，你的智慧，你的思想。一念之间，一切都会不一样，世界也变得不一样了。

现在人类提倡环保，除了环保，更要心灵环保，爱护世间，也要爱护自己的心。现代人爱护的东西很多，但大多不知道要爱护自己的心。

有一个富翁，拥有四个太太。富翁最疼爱的是年轻貌美的四姨太，然后依序是三姨太、二姨太，最不喜欢的就是大老婆。

大富翁临死之际，深怕黄泉路上寂寞，想找个心爱的人陪同，于是他找来最爱的四姨太商量。四姨太一听，花容失色，说道："活着很好，死了有什么好？我不想陪你死。"大富翁很失望，只好找来三姨太，三姨太一听就说："我还年轻，你死了，我可以改嫁别人！"大富翁再找二姨太，她也说："这个家都是靠我撑起来的，我死了，谁来照顾这个家？不过，虽然我不能陪你死，但是我一定会替你料理后事。"大富翁没办法，只好找大老婆，大老婆一听竟说："我们女人嫁鸡随鸡，嫁狗随狗，丈夫死了，当然是跟着去。"富翁听了觉得很感动："我平常都没关心你，没想到'路遥知马力，日久见人心'，人生最后，还是你对我最好！"

四姨太如同人的身体，为了保护它，人们每天为它化妆、补充营养、运动健身，但是一旦死了，它就不再属于我们；三姨太就是金银财宝，在生时它是我们的，死了之后一毛也带不走；二姨太就是亲戚、朋友，虽然我平时帮助他们，但是到了这个时候，顶多也只是来上炷香、献束花，说声再见，替我埋葬，之后就没有音讯了；大老婆就是我们的心，所谓"万般带不去，唯有业随身"，只有它跟着我们继续轮回，让生命生生不息。

人是死不了的，所谓"死"，只是换一个身体。但是换了身体之后，会有"隔阴之迷"，对于前生的事情完全没有印象。其实，知道也不一定好，很多事情，还是不知道比较好。或许过去生中我们都有父母、兄弟、姐妹的关系，就因为不知道，今生是今生，前生是前生，大家才能过得很自在。

所以现在国际佛光会倡导"三好运动"，身体要做好事，口头要说好话，心里要存好念，身口意三业清净，造的都是善业。人的生命是无限的、永生的、有未来的，生命就好像我身上一粒一粒的念珠，代表一段一段的生命，"业"，会把它们串联在一起，跑不了的。所以我们有过去、现在、未来，好好把握现在，才会有好的未来。

人生财富知多少，我想财富不但只有今生的财富，还有来生的财富，最大的财富是缘分。所以佛门有一句话——"未成佛道，先结人缘"，一句好话跟人结缘，一个微笑跟人结缘，做一点好事跟人结缘，像现在的中国，很多人做义工，做好事、善事，这也是很好的储蓄财富的方法。

中国儒家说，人应该要把立功、立德、立言三不朽留给人间。

我们现在读书也好，做老师也好，无论做什么都好，甚至在赌场里的人，都要想到立功、立德、立言，为这个世间留一点什么东西，把好东西留给未来的社会，留一点道德、事业给未来的社会，给未来的子孙，给未来的历史。所谓不朽，是让我们的心常存于天地之间，从过去到现在到来世，生生不息。人生好比木柴烧火，身体就是木柴，一根木柴烧完了，换一根木柴，这根木柴烧完了，再换另一根木柴，一根又一根的木柴，就是我们一期又一期的生命，虽然木柴看似不同，但是生命之火永远燃烧。

生命不死，所以我们对自己的生命要有热心，对大众的生命要有热心，对于财富，不要只看金钱上的财富，要看大自然给我们的财富，更要看自己的心，把贡献、慈悲、欢喜散布十方。这是我要与大家分享的财富，希望我们都能把缘分布满天下，享有世间无尽的财富。